RECHERCHES

SUR LES

ÉPOUSES DES GRANDS HOMMES.

IMPRIMERIE SCHNEIDER, RUE D'ERFURTH, 1.

RECHERCHES

SUR

LES ÉPOUSES

DES GRANDS HOMMES,

PAR L. N.

Les femmes sont extrêmes ;
elles sont meilleures ou pires
que les hommes.

— LABRUYÈRE. —

PARIS,

GARNIER FRÈRES, LIBRAIRES,

213, Palais-National,

ET 10, RUE RICHELIEU.

1848

On reprend son bien partout où on le trouve.

— Molière —

AVERTISSEMENT.

Pour l'homme comme pour la société, le mariage sera toujours la question la plus importante, l'événement le plus solennel
de la vie, puisque la couche nuptiale est, pour ainsi dire, le
centre de toutes les espérances, de toutes les affections, de tous
les intérêts publics et privés, positifs et spéculatifs, l'ère de la
réflexion et du labeur, le point de départ de toutes les réminiscences les plus suaves. De là l'importance extraordinaire que,
dans chaque siècle, les peuples de toutes les religions se sont
fait gloire d'attacher à l'hymen ; de sorte que non-seulement chez
les Hébreux, mais aussi à Rome et à Athènes, on trouve les lois
les plus sévères d'infamie et de flétrissure contre le célibat et la
virginité. Aussi, lorsque, dans nos jours d'essai de complète ré-
novation sociale, on a voulu examiner de sang-froid la légalité
et la possibilité du divorce, a-t-on été étonné de l'ardeur impétueuse avec laquelle toutes les intelligences supérieures ont aimé
à étudier cette thèse. La théologie, la philosophie, la morale, le
droit, la poésie, la littérature, les passions ont alternativement

invoqué le cœur et la raison pour venir ensuite déposer avec plus de majesté devant les assises du genre humain leurs conclusions contradictoires. Maintenant que la cause a été jugée en dernier ressort, aux applaudissements de toutes les générations, et qu'il serait tout à fait superflu d'en appeler de l'opinion mal informée à l'opinion mieux informée, peut-être quelques esprits auront vivement regretté de ce que, au milieu de cette imposante explosion de témoignages invoqués pour corroborer les généralisations les plus diverses et soutenir les dires les plus étranges, il ne soit venu à la pensée d'aucun écrivain de peser la valeur de ces assertions au poids du sanctuaire, en faisant une digression des plus excentriques dans les ménages respectés de la biographie universelle. La curiosité s'attend avec impatience à découvrir derrière le voile de la gloire bien des mystères restés jusqu'à présent inconnus, même aux amateurs d'anecdotes. L'espoir de grouper à propos quelques hors-d'œuvre palpitants d'actualité comme autant de pilastres agréablement saillants autour de la colonne du mariage devenu le passe-port de toutes les méditations et de toutes les discussions, a amené celui qui écrit ces lignes à détacher d'un ouvrage d'études sur les personnages les plus célèbres qu'il se propose de publier plus tard, un chapitre exclusivement consacré aux épouses des grands hommes. Bien que ce ne soit qu'un fragment d'un grand tout, si l'on peut se servir d'une expression à la mode, l'auteur l'offre tel qu'il l'a compoés sous ce titre de Recherches sur les épouses des grands hommes. Au lecteur d'en apprécier la valeur.

RECHERCHES

SUR

LES ÉPOUSES

DES GRANDS HOMMES.

———◆———

> J'ai vu beaucoup d'hymens ; aucuns d'eux ne me tentent ;
> Cependant des humains presque les quatre parts
> S'exposent hardiment au plus grand des hasards :
> Les quatre parts aussi des humains se repentent.
> J'en vais alléguer un, qui, s'étant repenti,
> Ne put trouver d'autre parti
> Que de renvoyer son épouse.
>
> — La Fontaine.—

La femme peut-être la plus célèbre du moyen âge, la belle Héloïse, qui savait le latin, le grec et l'hébreu, et citait sans cesse Sénèque et la Bible, Ovide et saint Jérôme, répondit par ces paroles à une proposition de mariage d'Abeilard, le seul homme de son siècle vraiment digne à tous égards de lui imposer son nom, répandu comme l'huile jusqu'aux extrémités du monde :

« Que me demandez-vous? que je vous détourne de tous vos travaux, en vous donnant l'embarras d'une femme. Je vous aime trop pour y consentir. Souffrirai-je que la vie d'un sage s'écoule entre des livres et des quenouilles, et qu'il soit troublé à toute heure, dans ses recherches ou ses méditations, par les pleurs d'un enfant, les chants des nourrices et tout le tracas d'un ménage? Non, non, de pareils nœuds épuiseraient bientôt Abeilard. »

La tendre amante eut elle tort ou raison de condamner son ami passionné à la béatitude du célibat? Le génie doit-il vivre solitaire comme une vestale, pur comme le prêtre de la nouvelle loi? Le mariage serait-il incompatible avec les inspirations du talent?

Ce n'est pas à moi à décider cette grave question. Je n'oserais marcher sur des charbons ardents. Je me permettrai seulement de citer certains traits relatifs à la femme de quelques célébrités. Je les donne sans arrière-pensée, puisque je ne fais pas l'histoire de la femme.

SOCRATE.

La première place appartient naturellement à la femme de Socrate. Non contente de l'avoir accablé d'injures, Xantippe lui jeta un jour de l'eau sale sur le corps : « J'ai bien cru, lui dit-il, qu'un si grand orage ne se passerait pas sans pluie. » Alcibiade lui ayant parlé une fois de cette humeur insupportable de sa femme, Socrate lui dit : « Je suis accoutumé à ces vacarmes comme on se fait à entendre le bruit d'une poulie ; et vous qui parlez de ma femme, ne supportez-vous pas les cris de vos oies? — Oui, dit Alcibiade, mais elles me pondent des œufs et en font éclore des petits. — Et Xantippe, reprit Socrate, me donne des enfants. » Dans une autre circonstance ses amis lui conseillaient de la frapper pour lui avoir coupé son habit en plein marché : « Quel conseil me donnez-vous là ? dit Socrate. C'est donc pour rendre tout le monde témoin de nos querelles, et pour que vous-même nous excitiez et nous disiez : Courage, Socrate ! courage Xantippe ! » Il disait qu'il fallait tirer parti des méchantes femmes comme les écuyers font des chevaux ombrageux ; que, comme après en avoir dompté de difficiles, ils viennent plus aisément à bout de ceux qui sont souples, de même, si lui savait vivre avec Xantippe, il aurait moins de peine à se faire au commerce des hommes. Il est donc facile de comprendre la portée de cette réponse qu'il fit à un homme qui lui demandait s'il valait mieux se marier ou rester célibataire : « Lequel des deux que l'on choisisse, dit-il, le repentir est certain. » On lui attribue, de même qu'à Thalès, d'avoir remercié les dieux comme d'un bienfait inénavrable d'être né homme plutôt que femme.

EURIPIDE.

Euripide avait une haine invincible qui allait jusqu'au mépris contre les femmes. Ses deux épouses ne furent pas heureuses. Il répudia la première, et ne plut pas davantage à la seconde.

PÉRIANDRE.

Périandre, ayant pris querelle avec sa femme Lysis, fille de Proclès, tyran d'Épidaure, se laissa aller à un si violent transport de colère, que, malgré sa grossesse, il la jeta du haut des degrés et la tua à coups de pied, étant porté à cela par les calomnies de ses concubines, qu'il fit cependant brûler ensuite. Il bannit son fils Lycophron à Corcyre, à cause de la tristesse où l'avait plongé la mort de sa mère. Il vivait avec sa mère dans des habitudes abominables.

ARISTOTE.

Le grand Aristote fut si content d'épouser une femme qu'il idolâtrait avec passion, qu'il lui fit des sacrifices comme les Athéniens en offraient à la déesse Cérès. Il composa un hymne de reconnaissance en l'honneur de celui qui avait eu la générosité de la lui céder.

PITTACUS.

Pittacus avait épousé la fille du législateur Dracon; c'était une femme d'une fierté et d'une insolence insupportables, qui n'avait rien qu'un très-grand mépris pour son mari, à cause qu'il était mal fait, et qu'elle croyait être d'une naissance distinguée. Un jour Pittacus avait invité à dîner plusieurs philosophes de ses amis. Quand tout fut préparé, sa femme, qui était toujours de mauvaise humeur, alla renverser la table et toutes les viandes qui étaient dessus. Pittacus, sans s'émouvoir, se contenta de dire aux conviés : « C'est une folle, il faut excuser sa faiblesse. »

PHILIPPE DE MACÉDOINE.

La division et le trouble régnèrent longtemps à la cour de Philippe, roi de Macédoine. La mauvaise humeur d'Olympias, qui était naturellement jalouse, colère et vindicative, y excitait continuellement des querelles et des disputes, et rendait la vie désagréable à Philippe. D'ailleurs, mari peu fidèle lui-même, on prétend qu'il éprouva l'infidélité qu'il avait méritée. Soit juste sujet de plainte, soit légèreté et inconstance de sa part, il en vint jusqu'à la répudier. Alexandre, qui avait plusieurs autres sujets de mécontentement, fut vivement piqué de l'injure qu'on faisait à sa mère. Philippe, après avoir répudié Olympias, sa cinquième femme, épousa Cléopâtre, qui était encore très-jeune, mais d'une beauté extraordinaire, aux attraits de laquelle il ne put résister. Au milieu des réjouissances de la noce, et dans la chaleur du vin, Attale, oncle maternel de la nouvelle reine, s'avisa de dire que les Macédoniens devaient demander aux dieux qu'elle donnât un légitime successeur à leur roi. A ces mots Alexandre, naturellement colère, irrité d'un discours si offensant : « Quoi! misérable, lui dit-il, me prends-tu donc pour un bâtard? » Et en même temps il lui jeta sa coupe à la tête. Attale repartit de même. La querelle s'échauffe. Philippe, qui mangeait à une autre table, trouva fort mauvais que l'on troublât ainsi la fête, et, oubliant qu'il était boiteux, il courut l'épée nue droit à son fils; mais heureusement le père tomba, et les conviés eurent le loisir de se jeter entre eux. Le plus difficile fut d'obtenir d'Alexandre qu'il ne s'obstinât point à se perdre. Outré de tant d'injures atroces, quoi qu'on put lui dire du respect qu'il devait à son roi et à son père, il exhala son ressentiment par cette amère raillerie : « Vraiment, les Macédoniens ont là un chef bien en état de passer d'Europe en Asie, lui qui ne peut passer d'une table à l'autre sans s'exposer à se rompre le cou. » Après cette insulte il sortit ; et ayant pris avec lui sa mère Olympias, à qui l'on faisait un si grand affront, il la mena en Épire, et, pour lui, il passa chez les Illyriens.

PÉRICLÈS.

Plutarque dit dans la vie de Périclès : « Il paraît que l'attachement de Périclès pour Aspasie fut une véritable passion. En effet, quoique sa femme, qui était sa parente et qui avait épousé en premières noces Hipponicus dont elle avait eu le riche Callias, eut donné à Périclès deux fils, Xantippe et Paralus, ils s'inspirèrent réciproquement un tel dégoût, que, l'ayant mariée à un autre, de son consentement, il épousa Aspasie. Il l'aima si tendrement, qu'il ne sortait et ne rentrait jamais chez lui sans l'embrasser. » Du reste Aspasie, la merveille d'un siècle si merveilleux, était aussi digne de cette affection de Périclès par son savoir et ses connaissances que par les grâces de son incomparable beauté que les Athéniens mirent en proverbe. Socrate lui-même allait quelquefois la visiter avec ses amis pour jouir du prodige de son ingénieuse conversation ; ceux qui la fréquentaient le plus y amenaient souvent leurs femmes pour l'entendre. Platon avance, dans son *Méaéxème*, comme un fait positif et bien connu, que plusieurs Athéniens allaient chez elle pour y prendre des leçons de rhétorique bien supérieures à celles des écoles et des académies.

ALCIBIADE.

Un jour, dit Plutarque, Alcibiade donna un soufflet à
Hipponicus, père de Callias, à qui sa naissance et ses
richesses avaient acquis beaucoup de puissance et d'autorité dans la ville ; et il le fit, non dans un mouvement de
colère et à la suite d'une dispute, mais par plaisanterie,
et sur une gageure qu'il avait faite avec ses camarades.
Cette insolence, bientôt divulguée dans toute la ville, ex-
cita une indignation générale. Le lendemain, dès la pointe
du jour, Alcibiade va chez Hipponicus; il frappe à la porte,
entre, se dépouille de ses habits, et, se mettant à sa dis-
crétion, il le prie de le faire châtier comme il le jugera à
propos. Hipponicus lui pardonna, et lui sacrifia si bien
son ressentiment, que, dans la suite, il lui fit épouser sa
fille Hipparète. D'autres disent que ce ne fut pas Hipponicus, mais son fils Callias, qui maria Hipparète à Alcibiade, et lui donna en dot dix talents; qu'à son premier
enfant, Alcibiade en demanda dix autres, et soutint qu'on
les lui avait promis au cas où il aurait des enfants. Callias,
craignant de sa part quelque mauvais dessein, déclara
devant tout le peuple que s'il mourait sans enfant, il laissait sa maison et ses biens à Alcibiade. Hipparète, femme
d'une grande vertu, et qui aimait fort son mari, affligée
de ses torts envers elle et de son commerce avec des
courtisanes tant athéniennes qu'étrangères, sortit de sa
maison et se retira chez son frère. Alcibiade ne s'en mit
point en peine, et continua sa vie licencieuse. Dans le cas
de divorce, l'acte en devait être remis à l'archonte par la
femme elle-même, et non par un autre. Hipparète s'étant

rendue chez ce magistrat pour obéir à la loi, Alcibiade y alla aussi ; et, la saisissant par le milieu du corps, il l'emporta chez lui à travers la place publique, sans que personne osât s'y opposer ou la lui enlever. Elle demeura dans la maison de son mari jusqu'à sa mort, qui arriva peu de temps après, pendant un voyage d'Alcibiade à Athènes. Cette violence à l'égard de sa femme ne parut contraire ni à la loi ni à l'humanité ; car la loi semble n'avoir exigé cette comparution publique de la femme qui fait divorce, qu'afin que le mari ait une occasion de lui parler et de la retenir.

CATON LE CENSEUR.

Après la mort de sa première femme qui l'avait rendu très-heureux, Caton le Censeur maria son fils à la fille de Paul Émile, sœur de Scipion. Dans son veuvage, il vécut avec une jeune esclave qui venait le trouver secrètement. Ce commerce fut bientôt découvert dans une maison où il y avait une jeune femme mariée. Un jour cette fille ayant passé d'un air insolent devant la chambre du fils pour aller dans celle du père, le jeune Caton, sans lui rien dire, la regarda d'un œil sévère, et de honte il détourna la vue. Caton en fut bientôt informé, et ayant connu par là que ce commerce déplaisait à son fils et à sa belle-fille, il ne s'en plaignit point et ne leur en fit aucun reproche. Mais étant allé, suivant sa coutume, à la place publique, accompagné de plusieurs amis, en chemin il adressa la parole à un certain Saloninus, qui avait été son greffier, et qui marchait à sa suite : il lui demanda à haute voix si sa fille était mariée. Cet homme lui répondit qu'elle ne l'était pas, et qu'il n'aurait eu garde de la marier sans l'en prévenir. « Eh bien, reprit Caton, je vous ai trouvé un gendre qui pourra, je crois, vous convenir, à moins que l'âge ne déplaise à votre fille ; il n'y a rien à reprendre en lui que sa grande vieillesse. — Je m'en rapporte entièrement à vous, lui dit Saloninus ; je donnerai ma fille à qui vous voudrez ; elle est votre cliente et a besoin de votre protection. » Caton, sans différer plus longtemps, lui déclare que c'est pour lui-même qu'il demande sa fille. Saloninus fut d'abord très-étonné ; il voyait Caton hors d'âge de se marier ; et, d'ailleurs, il se trouvait fort au-dessous d'une pareille alliance, avec une maison honorée du consulat et du triomphe. Mais quand il vit que Caton parlait sérieusement, il accepta sa proposition avec joie ; et, dès qu'ils furent arrivés à la place, Caton fit dresser le contrat. Comme on faisait les apprêts de la noce, le fils de Caton, prenant avec lui plusieurs de ses parents et de ses amis, se rendit auprès de son père et lui demanda quel sujet de plainte ou de déplaisir il pouvait avoir contre son fils, pour lui donner une marâtre. « A Dieu ne plaise, mon fils, lui dit Caton d'une voix forte, que je me plaigne de toi ! Je n'ai qu'à me louer de ta conduite ; mais je brûle d'avoir plusieurs enfants qui te ressemblent, et de laisser à ma patrie des citoyens tels que toi. » Bonheur que le vieux Censeur ne se refusa point.

LUCULLUS.

Après avoir répudié sa femme Clodia, pour sa méchanceté et sa vie scandaleuse, l'opulent Lucullus épousa Servilia, sœur de Caton. Ce mariage ne fut pas plus heureux : de tous les vices de Clodia, il ne manquait à Servilia que d'avoir été corrompue par son frère ; c'était d'ailleurs la même débauche, la même dissolution. Son mari la supporta quelque temps, par respect pour Caton ; mais enfin il la répudia.

PAUL ÉMILE.

Paul Emile avait épousé en premières noces Papiria, fille de Papirius Mnason, personnage consulaire. Après avoir vécu longtemps avec elle, et en avoir eu des enfants d'un mérite distingué (car elle était mère du célèbre Scipion et de Fabius Maximus), il la répudia. La cause de ce divorce n'est pas venue jusqu'à nous ; mais, dans cette matière, rien, ce me semble, n'est plus vrai que le propos d'un Romain qui avait répudié sa femme. Ses amis l'en blâmaient : « Votre femme, lui disaient-ils, n'est-elle pas sage ? n'est-elle pas belle ? ne vous a-t-elle pas donné de beaux enfants ? » Le Romain, étendant le pied, et leur montrant son soulier, leur demanda à son tour : « Ce soulier n'est-il pas tout neuf ? n'est-il pas bien fait ? aucun de vous cependant ne sait où il me blesse. » En effet, si des fautes graves et connues de tout le public sont la cause ordinaire des divorces, souvent aussi des offenses légères, mais fréquentes, suite de dégoûts secrets, d'incompatibilité d'humeur, et qui ne sont guère connues que du mari, rendent odieuse la société de certaines femmes, et inspirent pour elles une aversion insurmontable. Paul Emile.

s'étant donc séparé de Papiria, épousa une autre femme, dont il eut deux fils, qu'il garda dans sa maison. Les deux qu'il avait eus de sa première femme passèrent par adoption dans les familles les plus illustres et les plus puissantes de Rome : l'aîné, dans celle de Fabius Maximus, celui qui fut cinq fois consul ; le second dans celle de Scipion l'Africain, son parent, et dont il prit le nom. Des deux filles de Paul Emile, l'une épousa le fils de Caton l'Ancien, et l'autre, Elius Tubéron, un des hommes les plus vertueux de son temps, et celui des Romains qui soutint la pauvreté avec le plus de grandeur et de dignité. Ils étaient seize de la même famille et du même nom d'Elius, qui n'avaient pour eux tous qu'une petite maison à Rome et un modique bien de campagne, où ils vivaient ensemble sous le même toit avec leurs enfants et leurs femmes. De ce nombre était la fille de Paul Emile ; et, quoique son père eût été deux fois consul, loin de rougir de la pauvreté de son mari, elle en admirait davantage sa vertu, qui l'avait rendu pauvre.

POMPÉE.

Sylla était maître de l'Italie et déclaré dictateur. Plein d'estime et d'admiration pour la vertu de Pompée, et le jugeant propre à donner un grand appui à son autorité, il voulut absolument se l'attacher par une alliance. Sa femme Métella étant entrée dans ce projet, ils persuadèrent à Pompée de répudier Antistia et d'épouser Emilie, petite-fille de Sylla par Métella sa fille, femme de Scaurus, laquelle était déjà mariée, et actuellement enceinte. Ce mariage, dicté par la tyrannie, était plus convenable au temps de Sylla qu'à la vie et aux mœurs de Pompée. Quoi de moins digne, en effet, de lui que d'introduire dans sa maison une femme enceinte, du vivant même de son mari, et d'en chasser, avec autant d'ignominie que de dureté, Antistia, dont le père venait de périr pour ce mari même qui la répudiait? Car Antistius avait été tué dans le sénat, parce que son alliance avec Pompée fit croire qu'il était du parti de Sylla. La mère d'Antistia, ne pouvant supporter l'affront de sa fille, se tua de sa propre main; et cette mort funeste fut comme un épisode de la tragédie de ces noces, qui suivit bientôt celle d'Emilie, qui mourut en couches dans la maison de Pompée. Ensuite Pompée, ayant brigué une alliance avec la nièce de Caton, n'en obtint qu'un refus méprisant. Sa demande n'eut pas le même désavantage auprès de César. Il épousa Julie, fille de César, déjà promise à Cépion, qui devait l'épouser bientôt; et, pour calmer le ressentiment de celui-ci, il lui donna sa fille, dont le mariage avec Faustus, fils de Sylla, était arrêté. Après ce trafic de femmes, on vit Pompée abandonner à ceux de ses lieutenants qu'il chérissait le plus ses gouvernements et ses armées, et passer son temps à se promener avec sa femme dans ses plus belles maisons de plaisance, soit qu'il fût toujours amoureux d'elle, soit qu'en étant tendrement aimé, il n'eût pas la force de s'en séparer, car on en donne cette dernière raison. Il est vrai que l'amour de Julie pour Pompée était connu de tout le monde, non qu'il fût d'âge à être si passionnément aimé, mais la tendresse de cette femme prenait sa source dans la sagesse de son mari, qui n'aimait

point d'autre femme qu'elle, et dans sa gravité naturelle,
qui n'avait rien d'austère et était tempérée par une conversation remplie de grâce, propre surtout à s'insinuer
dans l'esprit des femmes. Un jour d'assemblée pour l'élec-
tion des édiles, on en vint aux mains ; plusieurs personnes
furent tuées auprès de Pompée, qui, étant tout couvert
de sang, fut obligé de changer d'habits. Ses esclaves cou-
rurent rapporter chez lui ses vêtements souillés de sang ;
leur précipitation ayant causé du trouble et du tumulte
dans la maison, Julie, qui était enceinte, s'évanouit à la
vue de cette robe ensanglantée ; elle eut beaucoup de
peine à reprendre ses sens, et l'inquiétude, la frayeur
qu'elle avait eues la firent avorter. Cet accident inspira
tant d'intérêt pour elle, que ceux qui condamnaient le
plus l'attachement de Pompée pour César, ne pouvaient
blâmer sa tendresse pour sa femme. Elle devint grosse
une seconde fois et accoucha d'une fille ; mais elle mourut
dans son travail, et l'enfant ne lui survécut que peu de
jours. Pompée se disposait à la faire inhumer dans sa
terre d'Albe, lorsque le peuple, usant de violence, emporta le corps au champ de Mars, moins pour faire plaisir
à César et à Pompée, que pour témoigner la compassion
que lui inspirait cette jeune femme ; et dans les honneurs
qu'il lui rendait, il paraissait en faire beaucoup plus pour
César absent que pour Pompée qui était alors à Rome.
Veuf de Julie, Pompée épousa Cornélie, fille de Métellus
Scipion, et depuis peu veuve de Publius, fils de Crassus,
à qui elle avait été mariée fort jeune, et qui venait de
périr chez les Parthes. Cette femme avait, outre sa
beauté, bien des moyens de plaire : elle était versée dans

la littérature, jouait très-bien de la lyre, savait la géométrie et lisait avec fruit les ouvrages de philosophie. Elle fut la joie de Pompée et sa consolation dans les mauvais jours, jusqu'à l'époque fatale où elle n'eut plus que des larmes amères à verser sur son urne.

CATON D'UTIQUE ET HORTENSIUS.

Caton d'Utique, après avoir eu deux enfants de sa femme Attilia, fut obligé de la chasser à cause de sa mauvaise conduite. Il épousa depuis Marcia, fille de Philippe, qui passa pour une femme honnête et eut une grande réputation. Les suites de cette alliance ont été rapportées par l'historien Thraséas, sur la garantie de Munatius, intime ami de Caton, et qui passait sa vie avec lui. Caton avait une foule d'amis et d'admirateurs, entre lesquels on en distinguait quelques-uns qui faisaient éclater d'une manière plus marquée leurs sentiments pour lui. De ce nombre était Quintus Hortensius, homme de bien et d'une très-grande considération, qui, désirant avec ardeur d'être non-seulement l'ami et le compagnon assidu de Caton, mais encore son allié, et de mêler, de quelque manière que ce fût, sa maison et sa race avec celles d'un homme si vertueux, lui demanda en mariage sa fille Porcia, déjà mariée à Bibulus, dont elle avait eu deux enfants. Hortensius la regardait comme un excellent fonds dont il désirait d'avoir des fruits. Il avoua que, dans l'opinion des hommes, cette proposition devait paraître extraordinaire; mais qu'à consulter la nature, il était aussi honnête qu'utile à la République qu'une femme belle, qui était à la fleur de l'âge, ne restât pas inutile en laissant

passer l'âge d'avoir des enfants, et qu'elle ne fût pas non
plus à charge à son mari, et ne l'appauvrît pas en lui donnant plus d'enfants qu'il ne voulait en avoir ; qu'en com-
muniquant ainsi les femmes aux citoyens honnêtes, la
vertu se multiplierait et deviendrait commune dans les
familles ; que, par le moyen de ces alliances, la ville se
fondrait, pour ainsi dire, en un seul corps. « Si Bibulus,
ajouta-t-il, veut absolument conserver sa femme, je la lui
rendrai dès qu'elle sera devenue mère, et que, par cette
communauté d'enfants, je me serai plus étroitement uni à
Caton et à Bibulus. » Caton lui répondit qu'il avait beaucoup d'attachement pour lui et prisait fort son alliance ;
mais qu'il trouvait étrange qu'il voulût épouser sa fille,
déjà mariée à un autre. Alors Hortensius, changeant de
langage, ne craignit pas de demander ouvertement à Caton sa femme Marcia, qui était encore en âge d'avoir des
enfants, et en avait donné suffisamment à Caton. On ne
peut pas dire qu'il fit cette seconde proposition, parce
qu'il crut que Caton n'aimait point sa femme ; car sa grossesse actuelle était une preuve de son amour pour elle.
Caton, voyant la passion d'Hortensius et son désir extrême
d'avoir Marcia pour femme, ne refusa pas de la lui céder ;
mais il voulut avoir le consentement du père de Marcia.
Philippe, qu'il alla consulter, et qui vit que Caton avait
donné son consentement, ne refusa pas le sien ; mais il
ne voulut marier sa fille qu'en présence de Caton, et il
exigea qu'il signât le contrat. Quelque temps après, Hortensius étant mort, et ayant laissé Marcia héritière de ses
grands biens, au préjudice de son fils, qui était un mauvais sujet, Caton la reprit.

CICÉRON ET SALLUSTE.

Cicéron répudia sa femme Térentia, à qui il reprochait une telle négligence pendant la guerre civile, qu'elle l'avait laissé manquer des choses les plus nécessaires, et qu'à son retour en Italie il n'avait reçu d'elle aucune marque d'affection ; car elle n'était pas même venue le trouver à Brunduse, où il avait fait un long séjour ; et lorsque sa fille Tullia, qui était encore dans sa première jeunesse, avait été le joindre à Brunduse, sa mère ne lui avait donné ni une suite convenable, ni les provisions nécessaires pour un si long voyage ; elle avait enfin laissé sa maison dans un entier dénûment et chargée de plusieurs dettes considérables. Tels sont les prétextes les plus honnêtes qu'il donna de son divorce. Térentia soutenait qu'ils étaient faux ; et Cicéron lui-même, il faut l'avouer, lui donna un grand moyen de justification, en épousant, peu de temps après, une jeune personne, séduit par sa beauté, à ce que disait Térentia, qui devint bientôt et resta toute sa vie l'épouse du voluptueux Salluste ; et, suivant Tiron, l'affranchi de Cicéron, à cause de ses richesses, qu'il devait faire servir à payer ses dettes. Cette fille avait, en effet, de très-grands biens et son père, en mourant, les avait laissés à Cicéron en fidéicommis pour les lui rendre à sa majorité ; mais, comme il devait beaucoup, il se laissa persuader par ses parents et ses amis de l'épouser, malgré la disproportion de l'âge, afin de trouver dans la fortune de cette femme de quoi se libérer envers ses créanciers. Antoine, dans sa réponse aux Philippiques, parle de ce mariage, et reproche à Cicéron d'avoir répudié une femme auprès de laquelle il avait vieilli. Peu de temps après son mariage, il perdit sa fille Tullia, qui mourut en couches dans la maison de Lentullus, qu'elle avait épousé après la mort de Pison, son premier mari. Tous les philosophes qui se trouvaient alors à Rome se rendirent en foule chez Cicéron pour le consoler ; mais il fut si amèrement affecté de cette perte, qu'il répudia sa nouvelle femme, parce qu'il crut qu'elle s'était réjouie de la mort de Tullia.

BRUTUS.

Brutus, qui voyait les personnages de Rome les plus illustres par leur naissance, leur courage et leurs vertus, attacher leur fortune à la sienne, et qui considérait toute la grandeur du péril auquel ils s'exposaient en conjurant contre César, s'efforçait en public d'être maître de lui-même, et de ne rien laisser échapper au dehors qui pût trahir sa pensée. Mais, rentré dans sa maison, et surtout la nuit, il n'était plus le même ; l'inquiétude dont il était agité le réveillait en sursaut ; il s'enfonçait dans des réflexions qui lui faisaient sentir toutes les difficultés de son entreprise. Sa femme, qui était auprès de lui, s'aperçut bientôt qu'il éprouvait un trouble extraordinaire, et qu'il roulait dans son esprit quelque projet difficile, dont il avait peine à trouver l'issue. Porcia était fille de Caton ; Brutus, dont elle était cousine, l'avait épousée jeune encore, quoiqu'elle fût déjà veuve de Bibulus, qui lui avait laissé un fils du même nom que son père, et dont on a eu

un petit ouvrage intitulé *Mémoires de Brutus.* Porcia, qui
avait fait son étude de la philosophie, et qui aimait tendrement son mari, joignait à une grande élévation d'esprit beaucoup de prudence et de bon sens : elle ne voulut demander à Brutus le secret dont il était si occupé
qu'après avoir fait l'épreuve de son courage. Elle prit un
de ces petits couteaux dont les barbiers se servent pour
faire les ongles, et, ayant renvoyé toutes ses femmes, elle
se fit à la cuisse une incison profonde, d'où il sortit une
grande quantité de sang, et qui lui causa bientôt après des
douleurs très-vives et une fièvre violente, accompagnée
de frissons. Brutus était dans la plus vive inquiétude sur
un état si alarmant, lorsque sa femme, au fort de la douleur, lui tint ce discours : « Brutus ! je suis fille de Caton,
et je suis entrée dans votre maison, non pour y être une
de ces concubines qui ne partagent que le lit et la table,
mais pour être associée à tous vos biens et à tous vos
maux. Vous ne m'avez donné, depuis mon mariage, aucun
sujet de plainte ; mais moi, quelle preuve puis-je vous
donner de ma reconnaissance et de ma tendresse, si vous
ne me croyez capable ni de supporter avec vous un accident qui demande du secret, ni de recevoir une confidence
qui exige de la fidélité ? Je sais qu'en général on croit les
femmes trop faibles pour garder un secret ; mais, Brutus,
une bonne éducation et le commerce des personnes ver-
tueuses ont de l'influence sur les mœurs, et j'ai l'avantage
d'avoir Caton pour père et Brutus pour mari. Cependant,
je n'ai pas tellement compté sur ce double appui que je ne
me sois assurée que je serais invincible à la douleur. »
En même temps elle lui montre sa plaie, et lui raconte

l'épreuve qu'elle a faite. Brutus, frappé d'étonnement, lève
les mains au ciel, et demande aux dieux de lui accorder
un tel succès dans son entreprise qu'il soit jugé digne
d'être l'époux de Porcia ; et aussitôt il lui fait donner tous
les secours que son état exigeait. Instruite du projet fatal,
Porcia n'en fut pas plus tranquille le jour de son exécu-
tion. Pleine d'inquiétude sur l'événement, et ne pouvant
supporter le poids de son chagrin, elle avait bien de la
peine à se tenir dans sa maison. Au moindre cri, au plus
léger bruit qu'elle entendait, tressaillant de tout son corps
comme les femmes qui sont saisies de la fureur des bac-
chantes, elle allait demander à tous ceux qui revenaient
de la place ce que faisait Brutus, et à tout moment elle
envoyait pour en savoir des nouvelles. Enfin, l'affaire traînant en longueur, les forces lui manquèrent. L'agitation
violente que lui causait son inquiétude la jeta dans un tel
accablement, qu'elle n'eut pas le temps de rentrer dans sa
chambre ; pendant qu'elle était assise dans sa cour, elle
tomba dans une défaillance qui la priva de tout sentiment ;
son visage en fut défiguré, et elle perdit l'usage de la
voix. Quand ses femmes la virent dans cet état, elles pous-
sèrent des cris affreux qui attirèrent les voisins, et le
bruit de sa mort se répandit promptement dans la ville ;
mais, revenue bientôt de son évanouissement, et ayant repris ses sens, les soins que ses femmes lui donnèrent la
remirent dans son état naturel. La nouvelle de sa mort
jeta Brutus dans le plus grand trouble ; cependant, son
malheur personnel ne lui fit pas abandonner l'intérêt public, et il ne sortit pas du sénat pour aller chez lui. Il
était aussi du nombre des assassins de César ; il devait re-

cueillir la dernière parole de ce héros expirant : « Et toi aussi, Brutus ! » Et Brutus, humilié dans la suite, se donna la mort. Sa tendre épouse ne put lui survivre. Nicolas le Philosophe et Valère Maxime rapportent que Porcia, résolue de se donner la mort, mais en étant empêchée par tous ses amis qui la gardaient à vue, prit un jour dans le feu des charbons ardents, les avala, et tint sa bouche si exactement fermée, qu'elle fut étouffée en un instant.

ANTOINE.

Un jour Antoine eut un violent soupçon que Dolabella l'avait deshonoré dans la personne de sa femme, qui, fille de Caïus Antonius, collègue de Cicéron dans le consulat, était aussi sa cousine germaine. Antoine, ne pouvant supporter cet affront, répudia sa femme. Après ce divorce, il épousa Fulvie, veuve de Clodius, le plus audacieux et le plus scélérat des démagogues de son temps. Femme peu faite pour les travaux et les soins domestiques, qui n'eût pas même été flattée de maîtriser son mari s'il n'eût été qu'un simple particulier, son ambition était de dominer un homme qui commandât aux autres, et de donner des ordres à un général d'armée. Ainsi, c'est à Fulvie que Cléopâtre eût du payer le prix des leçons de docilité qu'elle avait données à son mari, et qui le livrèrent à cette reine, si souple et si soumis aux volontés des femmes. Cependant il cherchait quelquefois à égayer, par des jeux dignes d'un jeune mari, le caractère sérieux de Fulvie. Par exemple, lorsque César revint à Rome après sa victoire d'Espagne, et qu'on sortit en foule au-devant de lui, Antoine y alla comme les autres; mais ensuite, le bruit s'étant subitement répandu dans l'Italie que César était mort et que les ennemis arrivaient, il revint sur-le-champ à Rome. Il avait pris un habit d'esclave, et, étant venu la nuit à sa maison, il dit qu'il apportait à Fulvie une lettre d'Antoine. Il fut introduit chez sa femme la tête couverte; Fulvie, qui était dans la plus vive inquiétude, lui demanda, avant de prendre la lettre, si Antoine se portait bien : il lui remit la lettre sans rien répondre; et lorsqu'elle l'eut décachetée et qu'elle commençait à la lire, il se jeta à son cou et l'embrassa. Plus tard, cette femme, naturellement inquiète et audacieuse, n'eut pas honte d'exciter des troubles en Italie, afin de faire revenir Antoine et l'arracher des bras de Cléopâtre; elle s'embarqua pour aller le joindre; il n'y eut que la mort qui put l'empêcher d'atteindre son époux infidèle. César avait une sœur nommée Octavie, qui était son aînée, mais d'une autre mère que lui; elle était fille d'Ancharia, et César était né, bien après elle, d'Attia, seconde femme de son père. Il aimait tendrement cette sœur, femme d'un mérite rare; elle était veuve de Marcellus, qui venait de mourir. Depuis la mort de Fulvie, Antoine passait pour veuf; car il ne niait pas son attachement pour Cléopâtre, mais il n'avouait pas qu'il lui fût uni par le mariage; et sur ce point sa raison lui fournissait encore des armes pour combattre sa passion, et l'empêcher d'épouser cette reine. Tout le monde se réunit à proposer le mariage d'Octavie, dans l'espérance que cette femme, dont la grande beauté était accompagnée de tant de prudence et de gravité, étant unie à Antoine, et fixant sa tendresse, comme son mérite lui donnait droit d'y compter, maintiendrait l'harmonie entre César et lui, et ferait ainsi la sûreté de l'un et de l'autre. Le mariage ayant été du goût de César et d'Antoine, ils s'en retournèrent à Rome, et célébrèrent tout de suite les noces, malgré la loi qui défendait aux veuves de ne se remarier que dix mois après la mort de leur mari ; mais Octavie fut dispensée de la loi par un décret du sénat. Néanmoins, Octavie ne devait que prévenir les divisions qui allaient éclater entre César et Antoine. Antoine n'en continua pas moins, loin de Rome, de vivre avec Cléôpatre, et réalisa l'idéal de l'amour.

Cléopâtre possédait tout ce qu'il faut pour plaire et captiver. Son commerce avait un attrait auquel il était impossible de résister ; les agréments de sa figure, soutenus des charmes de sa conversation et de toutes les grâces qui peuvent relever un heureux naturel, laissaient dans l'âme un aiguillon qui pénétrait jusqu'au vif. Sa voix était pleine de douceur ; et sa langue, telle qu'un instrument à plusieurs cordes, qu'elle maniait avec la plus grande facilité, prononçait également bien plusieurs langages différents. Il y avait peu de nations barbares avec qui elle eût besoin d'interprète ; et elle parlait dans leur propre langue aux Ethiopiens, aux Troglodites, aux Hébreux, aux Arabes, aux Syriens, aux Mèdes et aux Parthes. D'un autre côté la dignité et la noblesse étaient peintes sur tous les traits d'Antoine : sa barbe épaisse, son front large, son nez aquilin et un air mâle répandu sur toute sa personne, lui donnaient beaucoup de ressemblance avec les statues et les portraits d'Hercule. Ajoutez à ces deux héros de la beauté, des richesses extraordinaires, de vastes provinces, un grand empire, et vous comprendrez dans les largesses de leurs folles dépenses cet amour avec ses pêches à la ligne, ses promenades sur la nacelle au son des flûtes et des chalumeaux, ses festins prolongés, ses causeries infinies, ses parties de plaisir à Athènes et en Égypte, ses jeux folâtres, ses larmes d'adieu, ses lamentations désespérées de l'absence, ses joies ineffables du retour, ses inquiétudes dans les traverses : sur cette corbeille de fleurs devait néanmoins reposer un poignard sanglant. Après les tendres sourires, les caressants transports de la voluptueuse jouissance vinrent les épreuves terribles de l'adversité. Cléopâtre fait répandre le bruit qu'elle n'est plus, et Antoine inconsolable ne peut supporter la vie; il se donne la mort. Captive de César, Cléopâtre obtient de verser des larmes amères sur le tombeau d'Antoine. Là, elle s'écrie en sanglotant : « Mon cher Antoine ! il y a peu de jours que je t'ai déposé, avec des mains encore libres, dans ce dernier asile; aujourd'hui je viens faire ces libations sur tes tristes restes, captive et gardée à vue, afin que je ne puisse défigurer par mes coups et par mes gémissements ce corps réduit à l'esclavage, et réservé pour une pompe fatale où l'on va triompher de toi. N'attends pas de Cléopâtre d'autres honneurs que ces libations funèbres : ce sont les dernières qu'elle t'offrira, puisqu'on veut l'arracher d'auprès de toi. Tant que nous avons vécu, rien n'a pu nous séparer l'un de l'autre : maintenant nous allons être éloignés, par la mort, des lieux de notre naissance. Romain, tu resteras sous cette terre d'Égypte; et moi, malheureuse, je serai enterrée en Italie, moins malheureuse cependant de l'être dans les lieux où tu es né. Si les dieux de ton pays ont quelque force et quelque pouvoir, n'abandonne pas ta femme vivante ; ne souffre pas qu'on triomphe de toi en la menant en triomphe ; cache-moi dans cette terre avec toi ; laisse-moi partager ta tombe : des maux innombrables qui m'accablent, le plus grand, le plus affreux pour moi, a été ce peu de temps que j'ai vécu sans toi. » Quelques instants après, Cléopâtre avait cessé de vivre. Telle fut la fin tragique de tant d'intrigues de treize ans, et pendant ces scènes de roman, Octavie respirait et était fière d'être l'épouse d'Antoine !

CÉSAR.

César ne fut pas heureux en femmes. Il perdit de bonne heure sa première épouse dont il fit l'oraison funèbre aux applaudissements du peuple. Après la mort d'une seconde femme qui ne vécut pas plus longtemps que la première, il épousa Pompéia, fille de Pompée et petite-fille de Sylla. Un accident ne lui permit pas de la voir vieillir entre ses bras. Il y avait à Rome un jeune patricien nommé Publius Clodius, distingué par ses richesses et par son éloquence, mais qui, en insolence et en audace, ne le cédait à aucun des hommes les plus fameux par leur scélératesse. Il aimait Pompéia, femme de César, qui elle-même avait du goût pour lui ; mais son appartement était gardé avec le plus grand soin. Aurélia, mère de César, femme d'une grande vertu, veillait de si près sur sa belle-fille, que les occasions de la voir et de lui parler étaient pour Clodius aussi difficiles que dangereuses. Les Romains adorent une divinité qu'ils nomment la Bonne Déesse, comme les Grecs ont leur Gynécée, ou la déesse des femmes. Les

Phrygiens, qui veulent se l'approprier, disent qu'elle était mère du roi Midas ; les Romains prétendent que leur Bonne Déesse est une nymphe dryade, qui eut commerce avec le dieu Faune ; et les Grecs veulent que ce soit celle des mères de Bacchus qu'il n'est pas permis de nommer ; aussi, quand les femmes célèbrent cette fête, elles couvrent leurs tentes de branches de vigne, et, suivant la Fable, un dragon sacré se tient aux pieds de la statue de la déesse. Tant que ces mystères durent, il n'est permis à aucun homme d'entrer dans la maison où on les célèbre. Les femmes, retirées dans un lieu séparé, pratiquent plusieurs cérémonies conformes à celles qu'on observe dans les mystères d'Orphée. Lorsque le temps de la fête est venu, le conseil ou le préteur (car c'est toujours chez l'un ou l'autre qu'elle est célébrée) sort de chez lui, avec tous les hommes qui habitent dans sa maison. La femme, qui en est restée la maîtresse, l'orne avec la décence convenable ; les principales cérémonies se font la nuit, et ces veillées sont mêlées de divertissements et de concerts. L'année de la préture de César, Pompéia fut chargée de célébrer cette fête. Clodius, qui n'avait pas encore de barbe, se flattant de n'être pas reconnu, prit l'habillement d'une ménétrière, sous lequel il avait l'air d'une jeune femme. Il trouva les portes ouvertes et fut introduit sans obstacle par une des esclaves de Pompéia, qui était dans la confidence et qui le quitta pour aller avertir sa maîtresse ; comme elle tardait à revenir, Clodius n'osa pas l'attendre dans l'endroit où elle l'avait laissé. Il errait de tous côtés dans cette vaste maison et évitait avec soin les lumières, lorsqu'il fut rencontré par une des femmes d'Aurélia, qui, croyant par-

ler à une personne de son sexe, voulut l'arrêter et jouer
avec lui ; étonnée du refus qu'il en fit, elle le traîna au
milieu de la salle et lui demanda qui elle était et d'où elle
venait. Clodius lui répondit qu'il attendait Abra, l'esclave
de Pompéia ; mais sa voix le trahit ; et cette femme, s'é-
tant rapprochée des lumières et de la compagnie, cria
qu'elle venait de surprendre un homme dans les appartements. L'effroi saisit toutes les femmes. Aurélia fit cesser aussitôt les cérémonies et voiler les choses sacrés.
Alors elle ordonna de fermer les portes, visita elle-même
toute la maison avec des flambeaux, et fit les recherches
les plus exactes. On trouva Clodius caché dans la chambre de l'esclave qui l'avait introduit chez Pompéia ; il fut
reconnu par toutes les femmes et chassé ignominieusement. Elles sortirent de la maison dans la nuit même, et
allèrent raconter à leurs maris ce qui venait de se passer.
Le lendemain toute la ville fut informée que Clodius avait
commis un sacrilége horrible ; et l'on disait partout qu'il
fallait le punir rigoureusement, pour faire une réparation
éclatante, non-seulement à ceux qu'il avait personnelle-
ment offensés, mais encore à la ville et aux dieux qu'il
avait outragés. Il fut cité par un des tribuns devant les
juges comme coupable d'impiété ; les principaux d'entre
les sénateurs parlèrent avec force contre lui, et l'accu-
sèrent de plusieurs autres grands crimes, en particulier
d'un commerce incestueux avec sa propre sœur, femme
de Lucullus. Mais le peuple, s'étant opposé à des poursuites si vives, et ayant pris la défense de Clodius, lui fut
d'un grand secours auprès des juges que cette opposition
étonna, et qui craignirent les fureurs de la multitude.

César répudia sur-le-champ Pompéia ; et, appelé en témoignage contre Clodius, il déclara qu'il n'avait aucune connaissance des faits qu'on imputait à l'accusé. Cette déclaration ayant paru fort étrange, l'accusateur lui demanda pourquoi donc il avait répudié sa femme. « C'est, répondit-il, que ma femme ne doit pas même être soupçonnée. »

OVIDE.

Ovide sortait à peine de l'enfance quand il épousa sa première femme, née dans le pays des Falisques. Sa seconde femme ne fut sans doute ni de son goût, ni de son choix, puisqu'il ne tarda guère à la répudier, comme il avait fait de la première, quoique, dit-il, elle fût sans reproche. Ovide prit vraisemblablement dans l'âge mûr une troisième femme qui était de l'illustre famille des Fabiens. Il lui fut tendrement attaché ; elle devint sa consolation, son appui dans sa disgrâce, et dans les *Tristes*, il prend plaisir à louer sa fidélité, son courage et sa vertu.

Et j'ai copié à peu près littéralement les vies des hommes illustres dans la traduction de Ricard. Je n'avais point l'intention de faire une galerie ; néanmoins j'en ai élevé une sans y penser, car j'ai dit toutes les femmes de Plutarque.

J'allais consulter Suétone, interroger ses Césars. En entendant Auguste répéter continuellement ce vers d'Homère :

Heureux qui vit et meurt sans femme et sans enfants

et traiter sa famille de chancres et de plaies, je me suis retiré épouvanté. Qu'aurai-je donc, en effet, aperçu dans les appartements de Néron, de Caligula, de Caracalla ?

De nos jours on pousse la courtoisie encore plus loin que les anciens chevaliers du moyen âge. Pinceau, ciseau, crayon, tout est mis en œuvre pour flatter le sexe de la beauté. On publie les femmes françaises, les femmes de la Bible, les belles femmes de la capitale et de la province ; on va jusqu'à graver les femmes créées par l'imagination du siècle. Ainsi, on se procure avec une indicible avidité les femmes de Shakspeare, de Byron, de Walter Scott, de George Sand ; sur les boulevards de Paris on compte par milliers les gravures fines de toutes dimensions d'Esméralda, de Paul et Virginie ; Velléda, lassée de rester inconnue dans une niche de corridor ou dans un coin ténébreux d'escalier, vient de se poser sur un piédestal dans le jardin du Luxembourg. Rien n'égale la grâce avec laquelle toutes ces jolies créatures sont statuétisées, porcelainisées, pendulisées, marbrisées, plâtrisées, bronzisées et même chocolatisées.

J'applaudis avec transport à ces hommages rendus au sexe ; je bénis mille fois ces bouquets de roses odoriférantes jetés sur la couche de la beauté. A l'âge d'aimer et d'être aimé, on goûte cette ivresse d'amour. On ne va quitter les genoux d'une mère adorée que pour reposer sur le sein brûlant d'une jeune épouse. L'œil confond volontiers ces deux objets aimés et se reporte sans cesse de l'un sur l'autre. C'est le paradis de la vie.

Je compte donc sur la galanterie pour excuser la lacune immense qui restera dans ce chapitre.

PLUTARQUE.

Toutefois je me ferais un scrupule d'étudier les temps modernes, si j'omettais l'âme de ces pages, l'historien des âges antérieurs aux belles doctrines que le Christ prêcha publiquement sur l'unité du mariage et sur son indissolubilité. Ce bon Plutarque, qui poussait la sensibilité jusqu'à ne pas vouloir se défaire des animaux qui avaient vieilli à son service, et qu'il laissait mourir paisiblement dans leurs étables, mérite donc, à juste titre, une mention dans cette portraiture. Je le cite comme le plus beau modèle que l'antiquité nous offre d'une union heureuse ; la république des lettres ne peut lui opposer pour pendant que Racine, le mari le plus aimable de son siècle. « Or, dit Ricard, son digne traducteur, Plutarque épousa une femme de Chéronée, nommée Timoxène, fille d'un Aristion, dont il est parlé dans les propos de table. Le mariage est une des circonstances qui influent le plus sur la destinée des hommes ; il décide presque toujours du reste de leur vie. Plutarque eut le rare avantage de trouver dans Timoxène toutes les qualités de l'esprit et du cœur qui pouvaient le rendre heureux : le portrait qu'il en fait lui-même après plusieurs années de mariage, montre qu'elle joignait à une âme élevée, à un caractère ferme et supérieur à toutes les faiblesses de son sexe, une douceur, une modestie, une simplicité qui lui concilièrent tous les cœurs. S'il est vrai, comme Dacier le pense, que Plutarque, dans ses *Préceptes du Mariage*, n'ait fait que retracer ce qui se pratiquait dans sa maison, on peut dire qu'il

réunissait tous les avantages que les hommes désirent le
plus : la gloire solide qui suit les grands talents, et les
jouissances douces et pures qui sont attachées aux vertus
domestiques. Quels témoignages de tendresse il donne à
sa femme dans un de ses ouvrages ! avec quelle satisfaction et quelle complaisance il parle de ses vertus ! Un tel
attachement de la part du mari ne permet pas de douter
qu'il ne trouvât dans sa femme cette réciprocité de confiance et d'amour qui faisait leur bonheur mutuel. Une
heureuse fécondité vint augmenter encore les charmes de
leur union. Ils eurent d'abord quatre fils, que Plutarque
nous a tous fait connaître dans ses écrits : Autobule, l'aîné
des quatre ; Charon, qui mourut dans son enfance ; Lam-
prias et Plutarque, qui lui survécurent, et dont le premier
nous a laissé le catalogue de tous les ouvrages de son
père. Corsini lui donne un cinquième fils qu'il croit avoir
été l'aîné ; mais il ne dit pas sur quelle autorité il fonde
ce sentiment, et je ne vois rien dans Plutarque qui puisse
l'autoriser. Après ces quatre fils, Timoxène lui donna une
fille qu'ils avaient longtemps l'un et l'autre désirée, et
qu'ils eurent le malheur de perdre à l'âge de deux ans.
Cette mort les affligea vivement; mais ils la soutinrent
l'un et l'autre avec un courage égal. La lettre que Plutarque, alors absent, écrivit à sa femme pour la consoler, est
à la fois un monument de la fermeté de leur âme et de la
bonté de leur cœur. Il y fait un portrait intéressant du bon
naturel que cet enfant avait annoncé dès l'âge le plus
tendre; mais il faut le voir tracé de la main même de
Plutarque; il y a peint son propre caractère. « Vous savez,
écrit-il à sa femme, que cette fille m'était d'autant plus

chère que j'avais pu lui faire porter votre nom. Outre l'amour naturel qu'on a pour ses enfants, un nouveau motif de regrets pour nous, c'est la satisfaction qu'elle nous donnait déjà ; c'est son caractère bon et ingénu, éloigné de toute colère et de toute aigreur. Elle avait une douceur admirable et une rare amabilité : le retour dont elle payait les témoignages d'amitié qu'on lui donnait, et son empressement à plaire, me causaient à moi-même le plus vif plaisir, et me faisaient connaître la bonté de son âme. Elle voulait que sa nourrice donnât le sein non-seulement aux enfants qu'elle aimait, mais encore aux jouets dont elle s'amusait ; appelant ainsi, par un sentiment d'humanité, à sa table particulière toutes les choses qui lui donnaient du plaisir, et voulant leur faire part de ce qu'elle avait de meilleur »

Après ces scènes de ménage dignes de la tendresse de David, ou de l'Évangéliste bien-aimé, ce grand docteur de l'amour. comme l'appelle Fénelon, j'aborde hardiment une ère nouvelle. C'est un autre ciel et une terre encore toute moite du sang précieux de Jésus-Christ. Une morale plus sévère régénère le monde ; des dogmes sublimes deviennent la pâture de toutes les intelligences, le patrimoine du talent et du génie. Depuis qu'une femme a enfanté sans cesser d'être vierge et a mérité le nom de mère de Dieu, le sexe, rassuré par le sacrement de mariage en face des autels du Sauveur, a reçu les hommages de l'univers. De victime, la femme a été changée en idole du sanctuaire. L'union conjugale, par conséquent ainsi élevée comme contrat religieux, a dû fournir une source intarissable de plus pures voluptés. La famille a été créée près de l'âtre fumeux ; le père n'a plus été que le protecteur du foyer domestique.

Bien plus, la femme, méprisée comme un instrument de plaisirs par le sage Aristote ou comme une machine à génération humaine par le divin Platon, a reçu du catholicisme la plus auguste des missions, le devoir d'apprendre au chrétien ses premières prières et les principes de la foi. Elle a été chargée exclusivement de la première éducation de l'homme, à tel point que, dans le moyen âge, l'adolescent ne donnait pas d'autre nom à l'Université que celui d'Alma Mater. Fénelon ne pouvait donc pas se présenter à la porte de la république des lettres avec un ouvrage d'un sujet plus noble et plus utile que son *Traité d'éducation des filles*. Jean-Jacques Rousseau veut non-seulement qu'on dédie aux femmes tous les livres d'éducation, mais, regardant la mère et la femme comme le type de l'enfance et de l'âge mûr de l'homme, il dit expressément dans son *Émile :* « Point de mère, point d'enfant. Entre eux les devoirs sont réciproques, et, s'ils sont mal remplis d'un côté, ils seront négligés de l'autre. L'enfant doit aimer sa mère avant de savoir qu'il le doit. Si la voix du sang n'est fortifiée par l'habitude et les soins, elle s'éteint dans les premières années, et le cœur meurt, pour ainsi dire, avant que de naître. Du soin des femmes dépend la première éducation des hommes ; des femmes dépendent encore leurs mœurs, leurs passions, leurs goûts, leurs plaisirs, leur bonheur même. Ainsi toute éducation des femmes doit être relative aux hommes. Il n'y a point de tableau plus charmant que celui de la famille, mais un seul trait manqué défigure tous les autres. » Pour réussir à parfaire l'éducation, la religion a trouvé un moyen infaillible et facile : c'est le catéchisme. Jamais l'homme n'oublie ces leçons de sa mère, et sur son lit de mort, il n'a qu'un désir : c'est de la rencontrer dans le lieu de délices où elle lui a appris à reporter ses désirs et ses espérances par delà la tombe. Les dernières prières que murmure le moribond dans son agonie sont toujours les prières du berceau, les prières de sa mère.

Plein de mépris pour ces prières dans lesquelles sa superbe intelligence ne voit que des petitesses de bigoterie, des manies de dévot, le philosophe de Genève aime mieux commencer par développer la raison de son *Émile* par la lecture des *Aventures de Robinson Crusoé;* mais qu'arrive-t-il? Lorsque le moment critique arrive, l'élève, si bien façonné, a la permission de son maître de remplacer le vice par le vice, de s'abandonner aux passions que son orgueil ne veut pas se donner la peine de comprimer au moyen de la prière, son unique frein. Pour en finir, Émile choisit une compagne, élevée comme lui dans les sublimes contemplations de la philosophie, et sa Sophie ne peut lui rester fidèle. La première occasion la flétrit et la corrompt. Telle est la fin que l'altière philosophie a été forcée d'assigner à tous ses projets d'une éducation idéale!

Disons donc, sans crainte de nous tromper, que c'est surtout au catholicisme que la femme doit non-seulement sa réhabilitation, mais aussi sa domination; mais c'est au catéchisme qu'elle est redevable de son trône, de son influence sur la vie de l'homme : c'est là sa transfiguration, son Thabor aux yeux de tous les cœurs et de toutes les intelligences depuis le christianisme.

Cette régénération chrétienne a été reconnue, louée et chantée avec enthousiasme par le talent. Mais le talent a-t-il su mieux contenir l'impétuosité de ses désirs sensuels? A-t-il eu plus de respect pour une union jurée entre les mains du prêtre de la loi nouvelle? Des serments si solennels l'ont-ils toujours trouvé fidèle? A-t-il eu pour la compagne de sa vie ces égards de bonté, de bienveillance que Jésus a prodigués à son épouse, dont l'ineffable charité est démontrée par saint Paul comme le type de l'hymen?

Voilà une question délicate et d'un grand intérêt. Il n'y a que des faits authentiques qui puissent éclaircir une pareille thèse. Malgré le rideau que la littérature semble avoir tiré devant la couche nuptiale, je suis tout aussi curieux d'étudier le secret de ces faiblesses. Aussi c'est avec le même courage, la même opiniâtreté, que je poursuis.

Socrate a figuré le premier dans les temps profanes. L'ère chrétienne commencera pour nous sous les auspices d'un nom aussi digne de louange et d'admiration. *Major rerum mihi nascitur ordo.*

DANTE.

Qui l'aurait deviné? Le grand poëte de la *Divine Comédie*, le sublime chantre des cités éternelles, Dante, après avoir eu six enfants de sa femme Gemma Donati, la rendit à sa famille.

HENRI VIII.

Le roi Henri VIII se gêna encore moins que le poëte des théologiens. Quoique son ouvrage des sept sacrements contre Martin Luther, hérétique, lui eût mérité du pape Léon X le titre de *défenseur de la foi* dans un bref souscrit par vingt-sept cardinaux, il devint éperdument amoureux d'une fille d'honneur de la reine. C'était Anne de Boulen, pleine de grâces et d'esprit. Cette fille s'attacha à irriter les désirs de Henri, et lui ôta toute espérance de les satisfaire tant qu'elle ne serait pas sa femme. Henri était marié depuis dix-huit ans à Catherine d'Aragon, fille de Ferdinand et d'Isabelle, et tante de Charles-Quint ; comment obtenir un divorce ? Il faut savoir que Catherine avait d'abord épousé le prince Arthur, frère aîné de Henri VIII, qui lui avait donné sa main ensuite, avec la dispense de Jules II. On ne pensait pas qu'un tel mariage pût être incestueux ; mais, dès que le monarque anglais eut résolu d'épouser sa maîtresse, il le trouva nul ; il sollicita le pape Clément VII de le déclarer tel. Le cardinal Wolsey, ce ministre si vain qu'il disait ordinairement le roi et moi, entra dans les vues de Henri. On paya des théologiens pour leur arracher des décisions conformes aux désirs du prince. Le pape, vivement sollicité de casser cette union, mais craignant autant de manquer aux lois divines que de déplaire à Charles-Quint, qui voulait épargner cet outrage à sa tante, tâchait de gagner du temps, croyant que la réflexion ramènerait Henri à des sentiments plus raisonnables. Celui-ci, désespérant de rien obtenir, épousa sa maîtresse en 1533, et fit approuver ce prétendu mariage par Thomas Cranmer, archevêque de Cantorbéry. Néanmoins cet amour de Henri pour sa nouvelle épouse ne dura pas longtemps. Touché de la beauté de Jeanne Seymour, il fit trancher la tête, en 1536, à Anne de Boulen, sur des soupçons d'infidélité assez légers. Jeanne étant morte en couches, il la remplaça par Anne de Clèves. Il avait été séduit par le portrait de cette princesse ; mais il trouva l'original si différent, qu'il la répudia au bout de six mois. A celle-ci succéda Catherine Howard, fille du duc de Norfolck, décapitée en 1542, sous prétexte qu'elle avait eu des amants avant son mariage. C'est à cette occasion que le parlement d'Angleterre donna une loi aussi absurde que cruelle. Il déclara : « Que tout homme qui serait instruit d'une galanterie de la reine devrait l'accuser, sous peine de trahison ; et que toute fille qui épouse un roi d'Angleterre, et qui n'est pas vierge, doit le déclarer sous la même peine. » Catherine Parr, jeune veuve d'une beauté ravissante, épouse de Henri après Catherine Howard, fut près de subir le même sort que cette infortunée, non pour ses galanteries, mais pour ses opinions conformes à celles de Luther.

LUTHER.

Luther prit pour femme Catherine de Bora, belle échappée de couvent, qui accoucha presque aussitôt après ses noces. Fut-il heureux avec elle ? C'est encore un problème. Ce qu'il y a de certain, c'est qu'elle l'ennuyait beaucoup dans ses études, et ne se gênait pas pour le déranger de son travail; sans cesse elle l'assaillait des questions les plus saugrenues, et en exigeait des réponses péremptoires. Elle ne lui laissait la paix qu'à ce prix.

CALVIN.

Calvin, après avoir longtemps et inutilement cherché et demandé une compagne accomplie soit par lui-même, soit par ses vicaires apostoliques, finit par épouser la veuve d'un anabaptiste dont il fréquentait la maison à Strasbourg, et qu'il avait converti. Elle se nommait Idelette ou Odelette de Bures; son mari Stoerder. C'était une bonne femme de ménage, très-soigneuse, très-propre, qui apportait en dot à son époux plusieurs enfants qu'elle avait eus de Stoerder, et qu'elle aimait d'un véritable amour de mère. C'était tout ce qu'il fallait au cœur d'airain de Calvin. Il ne désirait ni plus ni moins de qualité dans sa classique Ève; sa mort ne lui arracha aucune larme. Il n'en parle que comme spectateur attentif. Cette séparation ne l'émut nullement.

Leibnitz ne s'était point marié; il y pensa à l'âge de cinquante ans: mais la personne qu'il avait en vue voulut avoir le temps de faire ses réflexions. Cela donna à Leibnitz le loisir de faire aussi les siennes, et il ne se maria pas.

PIERRE CORNEILLE ET THOMAS CORNEILLE.

Le mariage de Pierre Corneille avec mademoiselle de Lampérière embellit sa vie; l'union de Thomas Corneille avec la sœur de celle-ci vint rendre plus étroite encore l'amitié des deux frères, identifia en quelque sorte leurs sentiments. Logés dans deux habitations contiguës où ils avaient reçu le jour, où leurs parents rendirent le dernier soupir, ils les avaient réunies par des communications pratiquées entre la petite maison; c'est ainsi qu'était appelée celle de Pierre et la grande maison que possédait son frère. Pensées, fortune, tout était si bien en commun dans ce double ménage, que, quand la mort vint surprendre l'aîné, ni l'un ni l'autre n'avait songé encore à partager les successions échues à leurs femmes. Simples et bonnes, unies comme leurs maris, les deux sœurs n'avaient d'autre soin que le bonheur de ceux-ci. Les deux frères avaient mis leur gloire en commun et s'aidaient dans leurs travaux.

JEAN RACINE.

Nous lisons dans les Mémoires de Louis Racine : « Lorsque mon père eut pris la résolution de se marier, l'amour ni l'intérêt n'eurent aucune part à son choix; il ne consulta que la raison pour une affaire si sérieuse; et l'envie de s'unir à une personne très-vertueuse que de sages amis lui proposèrent, lui fit épouser, le 1er juin 1677, Catherine de Romanet, fille d'un trésorier de France au bureau des finances d'Amiens. Il trouva dans la tendresse conjugale un avantage bien plus solide que celui de faire de bons vers. Sa compagne sut, par son attachement à tous les devoirs de femme et de mère, et par son admirable piété, le captiver entièrement, faire la douceur du reste de sa vie, et lui tenir lieu de toutes les sociétés auxquelles il venait de renoncer. Je ferais connaître la confiance avec laquelle il lui communiquait ses pensées les plus secrètes, si j'avais retrouvé les lettres qu'il lui écrivait, et que, sans doute pour lui obéir, elle ne conservait pas. Je sais que les termes tendres répandus dans de pareilles lettres ne prouvent pas toujours que la tendresse soit dans le cœur, et que Cicéron, à qui sa femme, lorsqu'il était en exil, paraissait sa lumière, sa vie, sa passion, sa très-fidèle épouse, *mea lux... mea vita... mea desideria... fidelissima et optima conjux*, répudia quelque temps après sa chère Térentia, pour épouser une jeune fille fort riche : mais je parle de deux époux que la religion avait unis, quoiqu'aux yeux du monde ils ne parussent pas faits l'un pour l'autre. L'un n'avait jamais eu de passion plus vive que celle de la poésie ; l'autre porta l'indifférence pour la poésie jusqu'à ignorer toute sa vie ce que c'est qu'un vers ; et m'ayant entendu parler, il y a quelques années, de rimes masculines et féminines, elle m'en demanda la différence : à quoi je répondis qu'elle avait vécu avec un meilleur maître que moi. Elle ne connut ni par les représentations, ni par la lecture, les tragédies auxquelles elle devait s'intéresser ; elle en apprit seulement les titres par la conversation. Son indifférence pour la fortune parut un jour inconcevable à Boileau. Mon père rapportait de Versailles une bourse de mille louis, et trouva ma mère qui l'attendait dans la maison de Boileau à Auteuil. Il courut à elle, et, l'embrassant : « Félicitez-moi, lui dit-il, voici une bourse de mille louis que le roi m'a donnée. » Elle lui porta aussitôt des plaintes contre un de ses enfants qui, depuis deux jours, ne voulait point étudier. « Une autre fois, reprit-il, nous en parlerons ; livrons-nous aujourd'hui à notre joie. » Elle lui représenta qu'il devait, en arrivant, faire des réprimandes à cet enfant, et continuait ses plaintes, lorsque Boileau, qui, dans son étonnement, se promenait à grands pas, perdit patience et s'écria : « Quelle insensibilité ! Peut-on ne pas songer à une bourse de mille louis ! » On peut comprendre qu'un homme, quoique passionné pour les amusements de l'esprit, préfère à une femme enchantée de ces mêmes amusements et éclairée sur ces matières, une compagne uniquement occupée du ménage, ne lisant de livres que ses livres de piété, ayant d'ailleurs un jugement excellent, et étant d'un très-bon conseil en toutes occasions. On avouera cependant que la religion a dû être le lien d'une si parfaite union entre deux caractères si opposés : la vivacité de l'un lui faisant prendre tous les événements avec trop de sensibilité, et la tranquillité de l'autre la faisant paraître presque insensible aux mêmes événements.

LA FONTAINE.

Par complaisance pour sa famille, la Fontaine épousa Marie Héricart, fille du lieutenant général de la Ferté-Milon. Quoiqu'elle joignît beaucoup d'esprit à un extérieur séducteur et une bonté qui la firent aimer de tous ceux qui la connurent, il ne vécut pas longtemps en ménage, parce qu'il ne pouvait supporter aucune espèce de gêne et de dépendance. Ils vécurent ainsi, l'un à Paris, l'autre en province. La Fontaine allait la voir tous les ans au mois de septembre. S'il ne la rencontrait pas, il s'en retournait tout aussi content que s'il avait eu le plaisir de passer une journée avec elle. Il ne faisait aucune démarche pour la retrouver. En vérité, était-ce bien un homme d'antichambre accoutumé aux heures d'audience et de visite que ce la Fontaine? Une fois on lui dit que sa femme était au salut; et il s'en alla à Paris dire à ses amis qu'il ne l'avait pas vue, parce que madame était au salut. Même indifférence pour tout le reste. La Fontaine avait eu, en 1660, un fils qu'il garda fort peu de temps auprès de lui. M. de Harlay, depuis premier président, l'avait adopté, et s'était chargé de son éducation et de sa fortune. Il y avait déjà plusieurs années que la Fontaine l'avait perdu de vue, lorsqu'on les fit rencontrer dans une maison où l'on voulait jouir du plaisir de la surprise du père. La Fontaine, en effet, ne se doutait point que ce fût son fils. Il l'entendit parler, et témoigna à la compagnie qu'il lui trouvait de l'esprit, et de très-bonnes dispositions. On saisit ce moment pour lui dire que c'était son fils; mais sans être ému, «Ah ! répondit-il, j'en suis bien aise. » Néanmoins la Fontaine s'est permis d'écrire dans une des quelques lettres qu'il adressa à sa femme : « Vous n'avez jamais voulu lire d'autres voyages que ceux de la Table ronde : mais le nôtre mérite bien que vous le lisiez ; il pourra même arriver que si vous goûtez ce récit, vous en goûterez après de plus sérieux. Vous ne jouez, ni ne travaillez, ni ne vous souciez de ménage, et, hors le temps que vos bonnes amies vous donnent par charité, il n'y a que les romans qui vous divertissent. Considérez, je vous prie, l'utilité que ça vous serait, si, en badinant, je vous avais accoutumée à l'histoire, soit des lieux, soit des personnes ; vous auriez de quoi vous désennuyer toute votre vie, pourvu que ce soit sans intention de rien retenir, moins encore de rien citer. Ce n'est pas une bonne qualité pour une femme d'être savante ; et c'en est une très-mauvaise d'affecter de paraître tel. » Ces reproches étaient-ils fondés ? On a parlé fort diversement de cette femme, dit l'historien de la Fontaine, M. Walkenaër, on s'accorde à dire qu'elle avait de la vertu, de la beauté et de l'esprit ; mais Dolivet, le père Niceron et Montenault prétendent qu'elle était d'une humeur impérieuse et fâcheuse. Ils n'hésitent même pas à penser que c'est elle que la Fontaine a voulu peindre dans le conte de Belphégor, sous le nom de madame Honesta :

> Belle et bien faite. . . . .
> . . . . mais d'un orgueil extrême ;
> Et d'autant plus que de quelque vertu
> Un tel orgueil paraissait revêtu.

La Harpe et quelques autres auteurs, pour excuser la licence de quelques-uns des contes de la Fontaine, ont avancé, comme une chose reconnue, que les mœurs de cet homme célèbre étaient pures et irréprochables. Dans ce cas, sa femme, qui, pour n'avoir pas su dominer ses défauts, l'aurait forcé de s'exiler du toit domestique, aurait eu tous les torts. Mais cette assertion sur les mœurs de la Fontaine est malheureusement tout à fait contraire à la vérité, et celle qui concerne l'âpreté du caractère de sa femme est au moins douteuse. Les auteurs des mémoires de Trévoux affirment, sur le témoignage de per-

sonnes qui ont connu madame de la Fontaine, qu'elle
était du caractère le plus doux, le plus liant, et que son
mari n'a pas plus pensé à elle dans la pièce de *Belphégor*,
qu'il n'a songé à faire le portrait d'autres personnages
de son temps, en peignant dans ses écrits des ridicules ou
des vices. Si nous devons craindre d'admettre sans res-
triction les témoignages donnés, probablement, par des
descendants de madame de la Fontaine, sur celle dont ils
voulaient défendre la mémoire, nous devons aussi nous
défier du zèle des amis d'un poëte, dont la perte causait
de si vifs regrets : pour justifier cette partie de sa conduite, la moins susceptible de justification, ils ont ac-
cueilli avec trop de faveur, peut-être, les rumeurs incer-
taines, et les interprétations malignes d'un public frivole
et léger. Il est un moyen d'échapper à toutes ces incerti-
tudes ; c'est de s'en rapporter, sur ce point, comme sur
tous les autres qui concernent la Fontaine, à la Fontaine
lui-même, l'homme le plus ingénu et le plus vrai qui ait
existé ; qui toujours se plut à confier à sa muse ses projets,
ses désirs, ses pensées les plus secrètes, ses inclinations
les plus cachées, et qui a laissé en quelque sorte son âme
entière par écrit. Nulle part il ne s'est plaint de l'humeur
impérieuse de sa femme ; mais il lui reproche de n'avoir
de goût que pour les choses frivoles, comme on vient de
le voir, et de ne point s'occuper des soins du ménage. Ce
reproche est grave pour une femme qui devint mère quelques années après la célébration de son mariage ; et,
comme il n'y avait jamais eu d'homme plus ennemi du
souci que la Fontaine, et moins propre à augmenter ou
même à conserver sa fortune, il ne pouvait être heureux

avec une épouse à qui manquaient les vertus qui lui étaient les plus nécessaires, la prévoyance et l'économie. Mais il était trop honnête homme pour rien écrire dans la vue de l'outrager. En vain ses amis Boileau et Racine essayèrent un rapprochement entre les deux époux. Toute leur éloquence fut infructueuse. Jamais la Fontaine n'entendait raison sur ce sujet. Aussi on le laissa tranquille, et il finit par oublier entièrement qu'il avait été marié, de même qu'il perdit son fils de vue aussitôt que M. de Harlay l'eut adopté, malgré l'excellente éducation qu'il lui avait fait donner, et dont cet enfant avait bien profité, de l'avis de tous ceux qui furent à même d'en juger.

MOLIÈRE.

Molière, ayant voulu se marier, jeta les yeux sur la sœur de l'actrice Béjart, qu'il avait élevée sur ses genoux, et qui avait grandi en lui donnant le nom de mari dès qu'elle put parler. Cette jeune fille avait tous les agréments qui peuvent engager un homme, et tout l'esprit nécessaire pour le fixer. Molière avait passé des amusements que l'on se fait avec un enfant, à l'amour le plus violent qu'une maîtresse puisse inspirer; mais il savait que la sœur avait d'autres vues, qu'il aurait de la peine à déranger. C'était une femme altière et peu raisonnable, lorsqu'on n'adhérait pas à ses sentiments; elle aimait mieux être l'amie de Molière que sa belle-sœur : ainsi, il aurait tout gâté de lui déclarer le dessein qu'il avait d'épouser sa sœur. Il prit le parti de le faire sans en rien dire à cette femme ; mais comme elle l'observait de fort près, il ne put

consommer son mariage pendant plus de neuf mois : c'eût
été risquer un éclat qu'il voulait éviter sur toutes choses,
d'autant plus que la Béjart, qui le soupçonnait de quelque
dessein sur sa sœur, le menaçait souvent, en femme furieuse
et extravagante, de le perdre, lui, sa sœur et elle-même, si
jamais il pensait à l'épouser. Cependant la jeune fille ne s'ac-
commodait point de l'emportement de sa sœur, qui la tour-
mentait continuellement, et qui lui faisait essuyer tous les
désagrements qu'elle pouvait inventer ; de sorte que cette
jeune personne, plus lasse peut-être d'attendre le plaisir
d'être femme que de souffrir des duretés de sa sœur, se
détermina un matin de s'aller jeter dans l'appartement de
Molière, fortement résolue de n'en point sortir qu'il ne
l'eût reconnue pour sa femme, ce qu'il fut contraint de
faire. Mais cet éclaircissement causa un vacarme terrible ;
la sœur donna des marques de fureur et de désespoir,
comme si Molière avait épousé sa rivale, ou comme si sa
sœur fût tombée entre les mains d'un malheureux. Néanmoins, il fallut bien s'apaiser ; il n'y avait point de remède ;
et la raison fit entendre à la Béjart que le plus grand bonheur qui pût arriver à sa sœur était d'avoir épousé Molière. Celle-ci ne fut pas plutôt madame de Molière qu'elle
crut être au rang d'une duchesse ; et elle ne se fut pas
plutôt donnée en spectacle à la comédie, que le courtisan
désoccupé lui en conta. Il est bien difficile à une comédienne, belle et soigneuse de sa personne, d'observer si
bien sa conduite, que l'on ne puisse l'attaquer. Qu'une
comédienne rende à un grand seigneur les devoirs qui lui
sont dus, il n'y a point de miséricorde, c'est son amant.
Molière s'imagina que toute la cour, toute la ville en vou-

lait à son épouse. Elle négligea de l'en désabuser ; au contraire, les soins extraordinaires qu'elle prenait de sa parure, à ce qu'il lui semblait, pour tout autre que pour lui, qui ne demandait point tant d'arrangement, ne firent qu'augmenter sa jalousie. Il avait beau représenter à sa femme la manière dont elle devait se conduire pour passer heureusement la vie ensemble, elle ne profitait point de ses leçons, qui lui paraissaient trop sévères pour une jeune personne, qui d'ailleurs n'avait rien à se reprocher. Ainsi, Molière, après avoir essuyé beaucoup de froideurs et de dissensions domestiques, fit son possible pour se renfermer dans son travail et dans ses amis, sans se mettre en peine de la conduite de sa femme.

Cette femme, qui inspira une si forte passion à Molière, et qui le rendit si malheureux, n'avait pas une beauté régulière. Voici le portrait que Molière en a fait lui-même à une époque où elle lui avait déjà causé beaucoup de chagrin : « Elle a les yeux petits, mais elle les a pleins de feu, les plus brillants, les plus perçants du monde, les plus touchants qu'on puisse voir. Elle a la bouche grande, mais on y voit des grâces qu'on ne voit point aux autres bouches. Sa taille n'est pas grande, mais elle est aisée et bien prise. Elle affecte une nonchalance dans son parler et dans son maintien ; mais elle a grâce à tout cela, et ses manières ont je ne sais quel charme à s'insinuer dans les cœurs. Enfin, son esprit est du plus fin et du plus délicat ; sa conversation est charmante, et si elle est capricieuse autant que personne du monde, tout sied bien aux belles, on souffre tout des belles. » Élève de Molière, elle devint une excellente actrice ; sa voix était si touchante, qu'on eût dit, suivant un auteur contemporain, qu'elle avait véritablement dans le cœur la passion qui n'était que dans sa bouche. « Remarquez, dit-il, que la Molière et la Grange font voir beaucoup de jugement dans leur récit, et que leur jeu continue encore, lors même que leur rôle est fini. Ils ne sont jamais inutiles sur le théâtre : ils jouent presque aussi bien quand ils écoutent, que quand ils parlent. Leurs regards ne sont pas dissipés, leurs yeux ne parcourent pas les loges. Ils savent que leur salle est remplie, mais ils parlent et ils agissent comme s'ils ne voyaient que ceux qui ont part à leur action; ils sont propres et magnifiques sans rien faire paraître d'affecté. Ils ont soin de leur parure, et ils n'y pensent plus dès qu'ils sont sur la scène. Et si la Molière retouche parfois à ses cheveux, si elle raccommode ses nœuds et ses pierreries, ces petites façons cachent une satire judicieuse et naturelle. Elle entre par là dans le ridicule des femmes qu'elle veut jouer; mais enfin, avec tous ces avantages, elle ne plairait pas tant, si sa voix était moins touchante; elle en est si persuadée elle-même, que l'on voit bien qu'elle prend autant de divers tons qu'elle a de rôles différents. » Grandval disait de madame de Molière, qu'elle jouait à merveille les rôles que son mari avait faits pour elle, et ceux des femmes coquettes et satiriques, et, que, sans être belle, elle était piquante et capable d'inspirer une grande passion.

Cependant ce ne fut pas sans se faire une grande violence, que Molière résolut de vivre avec sa femme dans une complète indifférence. Il y rêvait un jour dans son jardin d'Auteuil, quand son ami Chapelle, qui s'y promenait par hasard, l'aborda, et le trouvant plus inquiet que

de coutume, il lui en demanda plusieurs fois le sujet. Molière, qui eut quelque honte de se sentir si peu de constance pour un malheur si fort à la mode, résista autant
qu'il put ; mais comme il était alors dans une de ces plé-
nitudes de cœur si connues par les gens qui ont aimé, il
céda à l'envie de se soulager, et avoua de bonne foi à son
ami que la manière dont il était forcé d'en user avec sa
femme était la cause de cet abattement où il se trouvait.
Chapelle, qui croyait être au-dessus de ces sortes de choses,
le railla sur ce qu'un homme comme lui, qui savait si bien
peindre le faible des autres, tombait dans celui qu'il blâ-
mait tous les jours, et lui fit voir que le plus ridicule de
tous était d'aimer une personne qui ne répond pas à la
tendresse qu'on a pour elle.

« Pour moi, lui dit-il, je vous avoue que si j'étais assez
malheureux pour me trouver en pareil état, et que je fusse
fortement persuadé que la même personne accordât ses faveurs à d'autres, j'aurais tant de mépris pour elle qu'il
me guérirait infailliblement de ma passion. Encore avez-
vous une satisfaction que vous n'auriez pas si c'était une
maîtresse ; et la vengeance, qui prend ordinairement la
place de l'amour dans un cœur outragé, vous peut payer
tous les chagrins que vous cause votre épouse, puisque
vous n'avez qu'à l'enfermer ; ce sera un moyen assuré de
vous mettre l'esprit en repos. » Molière, qui avait écouté
son ami avec assez de tranquillité, l'interrompit pour lui
demander s'il n'avait jamais été amoureux. — « Oui, lui répondit Chapelle, je l'ai été comme un homme de bon sens
doit l'être ; mais je ne me serais jamais fait une si grande
peine pour une chose que mon honneur m'aurait conseillé

de faire, et je rougis pour vous de vous trouver si incertain. »
— « Je vois bien que vous n'avez encore rien aimé,
lui répondit Molière, et vous avez pris la figure de l'Amour
pour l'Amour même. Je ne vous rapporterai point une infinité d'exemples qui vous feraient connaître la puissance
de cette passion. Je vous ferai seulement un fidèle récit de
mon embarras, pour vous faire comprendre combien on
est peu maître de soi-même quand elle a pris une fois sur
nous un certain ascendant que le tempérament lui donne
d'ordinaire. Pour vous répondre donc sur la connaissance
parfaite que vous dites que j'ai du cœur de l'homme, par
les portraits que j'en expose tous les jours, je demeurerai
d'accord que je me suis étudié, autant que j'ai pu, à connaître leur faible ; mais si ma science m'a appris qu'on
pouvait fuir le péril, mon expérience ne m'a que trop fait
voir qu'il est impossible de l'éviter ; j'en juge tous les jours
par moi-même. Je suis né avec les dernières dispositions
à la tendresse ; et, comme j'ai cru que mes efforts pour-
raient lui inspirer, par l'habitude, des sentiments que le
temps ne pourrait détruire, je n'ai rien oublié pour y
parvenir. Comme elle était encore fort jeune quand je l'é-
pousai, je ne m'aperçus pas de ses méchantes inclinations,
et je me crus un peu moins malheureux que la plupart de
ceux qui prennent de pareils engagements : aussi le mariage ralentit moins mes empressements ; mais je lui trouvai tant d'indifférence, que je commençai à m'apercevoir
que toute ma précaution avait été inutile, et que ce qu'elle
sentait pour moi était bien éloigné de ce que j'aurais sou-
haité pour être heureux. Je me fis à moi-même ce reproche sur une délicatesse qui me semblait ridicule dans un

mari, et j'attribuai à son humeur ce qui était un effet de
son peu de tendresse pour moi ; mais je n'eus que trop de
moyens de m'apercevoir de mon erreur, et la folle passion qu'elle eut peu de temps après pour le comte de Gui-
che fit trop de bruit pour me laisser dans cette tranquillité apparente. Je n'épargnai rien à la première connaissance que j'en eus pour me vaincre moi-même dans l'impossibilité que je trouvai à la changer ; je me servis pour
cela de toutes les forces de mon esprit ; j'appelai à mon
secours tout ce qui pouvait contribuer à ma consolation. Je
la considérai comme une personne de qui tout le mérite
est dans l'innocence, et qui, par cette raison, n'en conservait plus depuis son infidélité. Je pris dès lors la résolution de vivre avec elle comme un honnête homme qui a
une femme coquette, et qui est bien persuadé, quoi qu'on
puisse dire, que sa réputation ne dépend point de la méchante conduite de son épouse ; mais j'eus le chagrin de
voir qu'une personne sans beauté, qui doit le peu d'esprit
qu'on lui trouve à l'éducation que je lui ai donnée, détrui-
sait en un moment toute ma philosophie. Sa présence me
fit oublier mes résolutions, et les premières paroles qu'elle
me dit pour sa défense me laissèrent si convaincu que
mes soupçons étaient mal fondés, que je lui demandai pardon d'avoir été si crédule. Cependant mes bontés ne l'ont
point changée. Je me suis donc déterminé à vivre avec
elle comme si elle n'était pas ma femme ; mais si vous
saviez ce que je souffre, vous auriez pitié de moi. Ma passion est venue à un tel point, qu'elle va jusqu'à entrer
avec compassion dans ses intérêts ; et quand je considère
combien il m'est impossible de vaincre ce que je sens

pour elle, je me dis en même temps qu'elle a peut-être une même difficulté à détruire le penchant qu'elle a d'être coquette, et je me trouve plus dans la disposition de la plaindre que de la blâmer. Vous me direz sans doute qu'il faut être fou pour aimer de cette manière; mais pour moi, je crois qu'il n'y a qu'une sorte d'amour, et que les gens qui n'ont point senti de semblable délicatesse n'ont jamais aimé véritablement. Toutes les choses du monde ont du rapport avec elle dans mon cœur; mon idée en est si fort occupée, que je ne fais rien en son absence qui m'en puisse divertir. Quand je la vois, une émotion et des transports qu'on peut sentir, mais qu'on ne saurait exprimer, m'ôtent l'usage de la réflexion; je n'ai plus d'yeux pour ses défauts; il m'en reste seulement pour ce qu'elle a d'aimable. N'est-ce point là le dernier point de la folie? Et n'admirez-vous pas que tout ce que j'ai de raison ne sert qu'à me faire connaître ma faiblesse sans en pouvoir triompher?» — « Je vous avoue à mon tour, lui dit son ami, que vous êtes plus à plaindre que je ne pensais; mais il faut tout espérer du temps. Continuez cependant à faire vos efforts; ils feront leur effet lorsque vous y penserez le moins. Pour moi, je vais faire des vœux, afin que vous soyez bientôt content. » Là-dessus il se retira et laissa Molière, qui rêva encore longtemps aux moyens d'amuser sa douleur.

Une autre fois, Molière dit à deux amis : « Ne me plaignez-vous pas d'être d'une profession et dans une situation si opposées aux sentiments et à l'humeur que j'ai présentement? J'aime la vie tranquille, et la mienne est agitée par une infinité de détails communs et turbulents sur lesquels

je n'avais pas compté dans les commencements, et aux-
quels il faut absolument que je me donne tout entier malgré moi. Avec toutes les précautions dont un homme peut
être capable, je n'ai pas laissé de tomber dans le désordre
où tous ceux qui se marient sans réflexion ont accoutumé
de tomber.» — «Oh! oh! dit M. Rohault.» — «Oui, mon cher
monsieur Rohault, je suis le plus malheureux de tous les
hommes, ajouta Molière, et je n'ai que ce que je mérite.
Je n'ai pas pensé que j'étais trop austère pour une société
domestique. J'ai cru que ma femme devait assujettir ses
manières à sa vertu et à mes intentions; et je sens bien
que, dans la situation où elle est, elle eût encore été plus
malheureuse que je ne le suis si elle l'avait fait. Elle a de
l'enjouement, de l'esprit; elle est sensible au plaisir de le
faire valoir; tout cela m'ombrage malgré moi. J'y trouve
à redire, je m'en plains. Cette femme, cent fois plus raisonnable que je ne le suis, veut jouir agréablement de la
vie; elle va son chemin; et, assurée par son innocence,
elle dédaigne de s'assujettir aux précautions que je lui
demande. Je prends cette négligence pour du mépris; je
voudrais des marques d'amitié pour croire que l'on en a
pour moi, et que l'on eût plus de justesse dans sa conduite pour que j'eusse l'esprit tranquille. Mais ma femme,
toujours égale et libre dans la sienne, qui serait exempte
de tout soupçon pour tout autre homme qui serait moins
inquiet que je ne le suis, me laisse impitoyablement dans
mes peines; et, occupée seulement du désir de plaire en
général, comme toutes les femmes, sans avoir de dessein
particulier, elle rit de ma faiblesse; encore si je pouvais
jouir de mes amis aussi souvent que je le souhaite, pour

m'étourdir sur mes chagrins et sur mon inquiétude! »

Il arriva un temps où la patience de Molière se lassa. Il finit par se séparer de sa femme, après lui avoir offert son pardon. Ce pardon fut offert à la seule condition, non de quitter le monde, cela eût été impossible à Armande Béjart, mais de renoncer à tout commerce de coquetterie. Cette condition ayant été méprisée, la séparation eut lieu. Elle dura huit ans, depuis 1664 jusqu'à 1672.

A la mort de Molière, cette femme, peu soucieuse des ouvrages de son mari, les donna tous au sieur de la Grange, comédien, qui, connaissant tout le mérite de ce travail, le conserva avec grand soin jusqu'à sa mort. La femme de celui-ci ne fut pas plus soigneuse de ces ouvrages que la Molière. Elle vendit toute la bibliothèque de son mari, où apparemment se trouvèrent les manuscrits qui étaient restés après la mort de Molière. Molière ne laissa qu'une fille. Elle était grande, bien faite, peu jolie; mais elle réparait ce défaut par beaucoup d'esprit. Lassée d'attendre un parti du choix de sa mère, elle se laissa enlever par le sieur de Montalant. Madame de Molière, remariée pour lors à Guérin d'Étriché, fit quelques poursuites; mais des amis communs accommodèrent l'affaire. M. et madame de Montalant sont morts à Argenteuil près de Paris, sans postérité. La fille de Molière fit connaître, par la solidité et l'agrément de sa conversation, qu'elle avait moins hérité des biens de son père que de ses bonnes qualités.

RAZZI IL SODOMA.

Le peintre Jean-Antoine Razzi dit il Sodoma avait épousé

Béatrix de Luca-Galli, dont il eut une fille; mais n'ayant point trouvé dans sa femme les qualités d'esprit qu'il eût désiré lui voir, il la prit en dégoût et s'éloigna d'elle, de sorte qu'elle vécut toujours du travail de ses mains et de l'argent de sa dot.

ROBERT ESTIENNE.

Robert Estienne épousa Pétronille, fille de l'imprimeur Josse Badius. C'était une femme d'un rare mérite. Elle enseigna elle-même les éléments du latin à ses enfants et à ses domestiques, de sorte que, dans la maison d'Estienne, il n'y avait personne qui n'entendît et ne parlât cette langue avec facilité. Elle était au courant de tous les travaux de son époux, et ne dédaignait pas de le seconder dans ses recherches et ses occupations multipliées. Elle partageait également son allégresse chaque fois qu'une belle édition sortait de ses presses.

DACIER.

Anne Lefèvre, épouse de Dacier, naquit à Saumur en 1651. Son père, le célèbre Tannequin Lefèvre, ne songeait point à faire de sa fille une savante et un petit prodige féminin; ce fut le hasard qui lui révéla ses rares dispositions. Présente un jour à la leçon qu'il donnait à son jeune frère, elle s'occupait à broder, et ne paraissait prêter que peu d'attention à ce qui se passait autour d'elle; mais, s'apercevant que l'écolier répondait fort mal aux questions du professeur, elle lui suggéra, en travaillant, les réponses qu'il devait faire. Surpris et charmé en même temps de cette découverte, Lefèvre partagea dès lors ses soins entre son fils et sa fille, et bientôt l'écolière fit, sous un maître aussi habile, des progrès qui l'étonnèrent lui-même. En peu de temps elle sut assez de latin pour entendre Phèdre et Térence : elle passa alors à l'étude du grec, et fut bientôt capable de lire Anacréon Callimaque, Homère et les tragiques. Un nouveau motif d'émulation vint seconder ses dispositions et son goût pour l'étude des lettres anciennes, qu'elle idolâtrait avec passion. Son père lui donna le jeune Dacier pour émule et pour compagnon de ses travaux, et cette liaison, formée d'abord par la conformité des goûts et des études, devint ensuite une alliance respectable, cimentée par l'estime et la tendresse mutuelle. Ce mariage d'Anne Lefèvre avec Dacier fut appelé, dans le temps, le mariage du grec et du latin. Ils travaillaient en commun, traduisaient et commentaient tout ce que le latin et le grec avaient de plus épineux et de plus merveilleux, avec cette différence néanmoins établie par le judicieux Boileau, que, dans les productions d'esprit faites en commun, c'était madame Dacier qui était le père. Madame Dacier combattit avec un courage vraiment viril dans la discussion des anciens, à laquelle Boileau prit tant de part : on eût dit qu'elle avait retrouvé le bouclier d'Achille, tant était vive sa lutte incessante contre les détracteurs d'Homère, tant furent nombreux les succès qu'elle compta. A la fin elle vit tous ses rivaux terrassés, et le monde étonné fut obligé d'avouer qu'une femme avait eu le bonheur de recueillir tous les lauriers dans cette guerre à mort des anciens et des modernes. Elle donnait plus de conseils à son mari qu'elle ne lui en demandait. Elle traduisit Homère et des autres auteurs grecs qui avaient jusque-là effrayé les hellénistes les plus distingués. Elle fut appelée à succéder à la place de bibliothécaire du roi donnée à son mari, en cas de survivance. Vantée à la cour, louée par Bossuet, conviée à surveiller les éditions à l'usage du dauphin, bénie des savants, elle ne se prévalut jamais de ces avantages. Sa modestie égalait ses vastes connaissances. Elle ne prenait jamais part à la conversation ; il fallait l'y contraindre, pour l'amener à causer de ses objets d'études. Son commerce avec son mari ne laissait rien à désirer ; elle lui cédait toujours le pas, avisait à tous les moyens de lui plaire. Toute leur vie s'écoula dans cet échange merveilleux de pensées et des plus nobles sentiments. Cette union était à envier, tant elle était douce et prospère. On la citait comme un modèle aux gens de lettres.

SHAKSPEARE.

Shakspeare avait seulement dix-huit ans lorsqu'il épousa la fille d'un riche fermier du voisinage, Anna Ataway, âgée de vingt-six ans. Elle lui donna, la première année de leur union, une fille baptisée le 16 mai 1563, sous le nom de Suzanne, et, l'année suivante, deux enfants jumeaux, un garçon et une fille, dont un seul, Judith, vécut ainsi que sa sœur aînée. Il ne paraît pas que cet hymen lui imposât de bien lourdes chaînes, et qu'il ait été contracté par amour. On croit qu'il l'abandonna pour vivre plus à l'aise à Londres, car pendant un espace de trente années, la femme de Shakspeare ne paraît pas une seule fois dans sa vie, et son nom n'est cité que dans son testament. Il lui légua son beau lit brun à franges, avec sa garniture, et sa tasse d'argent.

DENHAM.

Le poëte anglais Denham fut si malheureux avec sa seconde épouse, que sa raison s'aliéna. Cette aliénation mentale dura encore assez longtemps.

MILTON.

Milton ne fut pas heureux en femmes. A l'âge de trente-cinq ans, il épousa une demoiselle Marie, fille de M. Powel. juge de paix dans le comté d'Oxford. Milton ne quitta pas sa femme comme Shakspeare ; ce fut sa femme qui l'abandonna. A peine fut-il marié, qu'il ramena sa nouvelle épouse avec lui à Londres, espérant jouir de tous les avantages que procure une heureuse union ; mais il paraît que le travail et la simplicité d'une existence douce et tranquille n'étaient guère du goût de cette dame ; car lorsqu'elle eut, suivant Philips, essayé pendant un mois d'une vie toute philosophique, après avoir vécu chez son père dans une grande maison, où il y avait beaucoup de monde et de sujets de dissipation, ses amis, à sa prière sans doute, sollicitèrent instamment qu'elle pût venir passer avec eux le reste de l'été ; ce qui fut accordé, sous la condition expresse qu'elle reviendrait à la Saint-Michel. Milton était trop occupé pour s'apercevoir beaucoup de l'absence de sa femme, dont les idées royalistes de famille étaient loin de convenir à son républicanisme exalté. Il continua donc de se livrer à ses études. Enfin le jour de la Saint-Michel arriva; mais l'épouse de notre poëte ne se souciait nullement de rentrer dans la triste demeure de son mari, et elle oublia facilement sa promesse : il lui envoya une première lettre, qui resta sans réponse; d'autres suivirent et n'eurent pas plus de succès. On pouvait lui alléguer que ses lettres n'avaient point été remises; il fit donc partir un messager, ne se sentant pas assez de sang-froid pour remplir sa commission lui-même. Son messager fut renvoyé avec quelques marques de mépris : il n'était pas besoin de semblables provocations pour exciter le plus violent ressentiment chez un homme aussi pénétré de son propre mérite que Milton. Il se décida donc promptement à répudier sa femme pour cause de désobéissance : pour faire jouir les autres maris de l'indépendance qu'il se proposait, son esprit le porta incontinent à changer en une question de liberté une question de susceptibilité personnelle. Il publia un traité sur le divorce. D'après ses principes sur le divorce, Milton voulut épouser une fille du docteur Dawis, jeune et spirituelle, mais elle ne se souciait pas du beau génie qui la recherchait. La première femme du poëte se ressouvint de lui alors : la famille Powel, devenue moins royaliste à mesure que la cause royale devenait moins victorieuse, désirait un raccommodement. Milton étant allé chez un de ses voisins nommé Blackborough, soudain la porte d'une chambre s'ouvre : Marie Powel se jette en larmes aux pieds de son mari et confesse ses torts; Milton pardonna à la pécheresse, qui mourut en couches peu de temps après. La seconde femme du poëte, Catherine de Wood Cock de Hackeney, mourut aussi en couches au bout d'un an. Sa troisième femme, Élisabeth Minshul, lui survécut et le servit bien. Il paraît qu'il fut peu aimé.

STERNE.

Quelque brillant que fût l'esprit de Sterne, sa femme ne put supporter longtemps le joug conjugal; elle l'abandonna pour se retirer dans un couvent avec sa fille, et il ne paraît pas qu'elle le revît depuis cette séparation.

PIRON.

Piron épousa mademoiselle Marie-Thérèse Quenaudon, âgée de cinquante-trois ans, qu'il avait connue chez le marquis de Mimeure. Elle jouissait de deux mille livres de rente viagère ou environ. Le croira-t-on, après tout ce qui précède sur le mariage de grands talents avec de jeunes beautés? jamais deux personnes ne furent mieux assorties, et Piron jouit d'un bonheur dont Molière n'eut aucune idée. Madame Piron avait beaucoup d'esprit et de gaieté. Elle était très-versée dans la connaissance des anciens romanciers, dont elle possédait si bien le vieux langage, qu'elle imitait leur style, à s'y tromper. Les beaux esprits qu'elle voyait alors dans les salons de la marquise de Mimeure consultaient souvent son goût sur leurs ouvrages. Avec une compagne de ce genre, Piron passa des années délicieuses. Aussi, ne put-il jamais se consoler de la mort de cette digne épouse. Ce fut pour lui un vide immense qu'aucune société ne put remplir autour de son foyer domestique.

JOHNSON.

*A l'âge de vingt-six ans, Samuel Johnson devint amoureux de madame Porter, veuve d'un mercier de Birmingham. « C'était, dit-il, un mariage d'inclination des deux côtés. » A n'en juger que par la description de leurs personnes, on doit supposer que la passion qui les attira l'un vers l'autre ne prit sa source ni dans la perfection des formes extérieures, ni dans la grâce et l'élégance des manières, mais bien dans une estime réciproque et méritée. On trouverait difficilement, en effet, rien de plus repoussant que le portrait de Johnson, tracé par ses contemporains : « Il était d'un physique maigre et grêle ; en sorte que ses os, d'une grosseur démesurée, frappaient désagréablement l'œil par des saillies excessives. Les traces que la maladie scorbutique et les humeurs froides lui avaient laissées sur le cou et la figure étaient nombreuses et profondes. Ses cheveux, durs et roides, étaient séparés par derrière sans aucun art. Il était, en outre, sujet à des mouvements convulsifs, à des gestes bizarres, qui, lorsqu'on ne le connaissait pas, excitaient en même temps le rire et la pitié. » Quant à madame Porter, outre qu'elle avait, lors de leur mariage, deux fois l'âge de Johnson, son extérieur et ses manières habituelles, si l'on en croit Garrick, n'avaient rien de fort attrayant. Sans révoquer en doute le témoignage de Garrick, il est bien certain que le nouveau mari de madame de Porter la voyait parfaitement belle. Dans une épitaphe qu'il lui a consacrée, comme monument de tendresse et d'amour, il la dépeint sans nul défaut, et l'on retrouve dans ses écrits des preuves irrécusables de l'affection vive et sincère qu'il avait pour elle.

JEAN-JACQUES ROUSSEAU.

Une auberge obscure de la rue des Cordiers, à Paris, du genre de ce qu'on appelle vulgairement une mauvaise gargote, renfermait, en qualité de servante, une créature dépourvue de tout ce qui pouvait fixer les regards et captiver le cœur d'un homme; ce fut pourtant cette chétive créature qui exerça, pendant trente-trois ans, l'influence la plus constante, la plus impérieuse sur tous les instants de l'existence d'un homme, qui prétendit lui-même influer sur son siècle. Il s'agit de la fameuse Thérèse Levasseur, alors âgée de vingt-trois ans, lorsque Rousseau l'aperçut pour la première fois. Quoiqu'il eût trente-trois ans, il s'aveugla sur ses défauts, et fit de suite connaissance avec elle. Dès lors il ne respira plus que pour elle. Il entreprit son éducation; et c'est de lui-même que l'on sait que jamais il ne put lui apprendre à bien lire, et, ce qui est bien plus surprenant, à connaître un seul chiffre, les heures d'un cadran et les douze mois de l'année. Tous ses loisirs étaient pour elle. Il se lassa d'aller la voir dans son logis, il voulut l'avoir chez lui, il l'emmena dans tous ses voyages, et ne se trouvait à l'aise qu'avec elle. Son bonheur était de reposer entre ses bras. Quand elle devenait grosse, il la plaçait chez une sage-femme pour faire ses couches. L'enfant, par l'ordre exprès de celui qui a

écrit de si belles pages sur l'obligation où sont les mères
de nourrir, était porté aux Enfants-Trouvés, aussitôt après
sa naissance. Chaque fois que le terme de la grossesse approchait, il usait du même expédient pour se débarrasser
de ses suites. Ce qui lui arriva cinq fois. Il aimait tellement
sa Thérèse, qu'il ne pensait qu'à elle. Aussi, cette femme,
que Hume qualifie de si méchante, de si querelleuse, que
tous les visiteurs méprisaient souverainement, que tous
les contemporains nous représentent comme un monstre
féminin, une nouvelle Xantippe, prit sur Rousseau l'empire d'une nourrice sur son enfant. Une fois maîtresse du
logis, elle y commanda en despote, elle ne voulait pas de
résistance. Contrariée dans ses projets, elle faisait payer
bien cher ses services. Le philosophe était contraint de
céder et de demeurer où elle se plaisait. Malgré cet ascendant, elle se dégoûta néanmoins de Rousseau, et était sur
le point de se retirer, lorsqu'elle reçut cette lettre : « Je
n'ai cherché depuis vingt-six ans, dit-il, qu'à vous rendre
heureuse. Je m'aperçois avec douleur que le succès ne
répond pas à mes soins, et qu'ils ne vous sont pas aussi
doux à recevoir qu'il me l'est de vous les rendre. Non-
seulement vous avez cessé de vous plaire avec moi, mais
il faut que vous preniez beaucoup sur vous pour y rester
quelques moments par complaisance. Tous ceux qui vous
entourent sont dans vos secrets, excepté moi, et votre seul
véritable ami est exclu de votre confidence. Je ne parle
point de beaucoup d'autres choses... Rien ne plaît, rien
n'agrée de la part de quelqu'un qu'on n'aime point. Voilà
pourquoi, de quelque façon que je m'y prenne, tous mes
soins, tous mes efforts auprès de vous sont insuffisants.

Je n'aurais jamais songé à m'éloigner de vous, si vous n'aviez été la première à m'en faire la proposition ; vous êtes revenue très-souvent à cette idée... Tu voulais me quitter sans que je susse même où tu voulais aller... Je vais m'absenter pour quinze jours. Si quelque accident doit terminer ma carrière, souvenez-vous en pareil cas de l'homme dont vous êtes la veuve, et d'honorer sa mémoire en vous honorant. » Il la prie de bien réfléchir pendant son absence au projet qu'elle a de se mettre en pension dans une communauté ; la laissant libre de choisir un asile, et l'assurant qu'elle n'y manquera de rien. Cette missive eut son effet : la séparation n'eut point lieu ; loin de là, ce fut après cette altercation que Rousseau l'épousa, après vingt-six ans d'une union si mal assortie. « Cet honnête et saint engagement a été contracté, dit-il, dans toute sa simplicité, mais aussi dans toute la vérité de la nature, en présence de deux hommes de mérite et d'honneur. » C'étaient MM. de Champagneux, maire de Bourgoing, et de Rosières, tous deux officiers d'artillerie. Duperron, à qui Rousseau fit part de ce mariage, supposant qu'il avait repris son nom changé pour celui de Renon, et lui ayant écrit d'après cette supposition, Jean-Jacques Rousseau lui dit dans sa réponse : « Je ne sais pourquoi vous vous imaginez qu'il a fallu, pour me marier, quitter le nom que je porte. Ce ne sont pas les noms qui se marient, ce sont les hommes. » Ainsi, Rousseau ne se maria point sous son véritable nom, et ne remplit aucune des formalités rigoureusement exigées. Du reste, il pouvait croire que l'engagement qu'il contractait devant deux témoins, en présence du ciel, était suffisant, lui dont les actes religieux se faisaient toujours au milieu du spectacle de la nature. Il résulte de ces détails que, dans la question relative à ce mariage, on peut également le reconnaître ou le nier, suivant le point de vue sous lequel on l'envisage. Malgré ces nœuds, Thérèse, alors âgée, s'éprit d'amour pour un jeune garçon jardinier, et entretint des liaisons fréquentes avec lui. Selon Barruel, Jean-Jacques n'était pas le père de tous les enfants de Thérèse, et ne l'ignorait pas. Rousseau lui-même convient qu'il avait eu un prédécesseur. Rousseau mort, Thérèse épousa ce jeune garçon, et se conduisit si mal, quoiqu'elle eût cinquante-sept ans, qu'elle mérita, pour ses turpitudes, d'être chassée de la maison où elle demeurait depuis son veuvage.

DIDEROT.

Le libraire chez qui Diderot porta son premier manuscrit le fit examiner par quelques gens de lettres qui lui dirent que l'ouvrage n'était pas en état d'être imprimé, mais que l'auteur avait du talent, et qu'il ferait bien de l'encourager en achetant son manuscrit et en l'engageant à travailler. Le libraire lui donna cent écus, que Diderot revint apporter à sa femme avec une grande satisfaction. Sa femme, qui n'avait aucune idée de littérature, mais qui avait une probité délicate, fondée sur des sentiments de religion qu'elle ne perdit jamais auprès de son mari, s'écria en voyant cette somme : « Ah! monsieur Diderot, comment avez-vous pu tromper ce pauvre homme au point de recevoir tant d'argent pour ces chiffons de papier que vous m'avez montrés? Ne craignez-vous point de lui faire tort? » Son mari eut bien de la peine à lui faire comprendre ce qu'il en était et à dissiper ses scrupules. C'est luimême qui raconta cette anecdote rapportée par la Harpe. Or, cette femme, que Diderot avait beaucoup aimée dans sa jeunesse lorsqu'il entra en relation avec elle, dit M. Sainte-Beuve, était une demoiselle déchue, une ouvrière pauvre, vivant honnêtement avec sa mère du travail de ses mains. Diderot la connut comme voisine, la désira éperdument, se fit agréer d'elle, et l'épousa malgré les remontrances économiques de la mère; seulement il contracta ce mariage en secret, pour éviter l'opposition de sa propre famille, que trompaient sur son compte de faux rapports. Jean-Jacques, dans ses *Confessions*, a jugé fort dédaigneusement l'*Annette* de Diderot, à laquelle il préféra de beaucoup sa *Thérèse*. Sans nous prononcer entre ces deux compagnes de grands hommes, il paraît, en effet, que, bonne au fond, madame Diderot était d'un caractère tracassier, d'un esprit commun, d'une éducation vulgaire, incapable de comprendre son mari et de suffire à ses affections. Tous ces fâcheux inconvénients, que le temps développa, disparurent alors dans l'éclat de sa beauté. Diderot eut d'elle jusqu'à quatre enfants, dont un seul, une fille, survécut. Après une de ses premières couches, il expédia la mère et sans doute aussi le nourrisson à Langres, près de sa famille, pour forcer la réconciliation. Ce moyen pathétique réussit, et toutes les préventions, qui avaient duré des années, s'évanouirent en vingt-quatre heures. Cependant, accablé de nouvelles charges, livré à des travaux pénibles, traduisant, aux gages des libraires, quelques ouvrages anglais, une Histoire de la Grèce, un Dictionnaire de médecine, et, méditant déjà l'Encyclopédie, Diderot se désenchanta bien promptement de cette femme, pour laquelle il avait si pesamment grevé son avenir. Madame de Puisieux durant dix années, mademoiselle Voland, la seule digne de son choix, durant toute la seconde moitié de sa vie, quelques femmes, telles que madame de Prunevaux plus passagèrement, l'engagèrent dans des liaisons étroites, qui devinrent comme le tissu même de son existence intérieure. Madame de Puisieux fut la première : coquette et aux expédients, elle ajouta aux embarras de Diderot, et c'est pour elle qu'il traduisit l'*Essai sur le mérite et la vertu*, qu'il fit les *Pensées philosophiques*, l'*Interprétation de la Nature*, la *Lettre sur les Aveugles*, et les *Bijoux indiscrets*, offrande mieux assortie et moins sévère. Madame Diderot, négligée par son mari, se resserra dans ses goûts peu élevés ; elle eut son petit monde, ses petits entours, et Diderot ne se rattacha plus tard à son domestique que par l'éducation de sa fille. On comprendra, d'après de telles circonstances, comment celui des philosophes du siècle qui sentit et pratiqua le mieux la moralité de la famille, qui cultiva le plus pieusement les relations de père, de fils, de frère, eut en même temps une si fragile idée de la sainteté du mariage, qui est pourtant le nœud de tout le reste. On saisira aisément sous quelle inspiration personnelle il fit dire à l'Otaïtien dans le *Supplément au Voyage de Bougainville :* « Rien te paraît-il plus insensé qu'un précepte qui proscrit le changement qui est en nous, qui commande une constance qui n'y peut être, et qui viole la liberté du mâle et de la femelle en les enchaînant pour jamais l'un à l'autre ; qu'une fidélité qui borne la plus capricieuse des jouis-

sances à un même individu ; qu'un serment d'immutabi-
lité de deux êtres de chair à la face d'un ciel qui n'est pas
un instant le même, sous des antres qui menacent ruine,
au bas d'une roche qui tombe en poudre, au pied d'un arbre qui se gerce, sur une pierre qui s'ébranle ? »

BURGER.

Après avoir mené une jeunesse assez dissipée, Bürger,
déjà célèbre, songea à se marier ; il fit une proposition de
mariage à une jeune fille qu'il croyait aimer ; mais le jour
même du mariage, il vit pour la première fois sa belle-
sœur Molly, alors âgée de dix-sept ans, et involontaire-
ment il s'écria : « Ah ! malheureux, je me suis trompé ! »
Tous ses chants sont adressés à Molly, qui elle-même était
éperdument amoureuse de Bürger marié. La morale n'eut
cependant rien à redire à cette sympathie, car Molly était
vertueuse ; mais il arriva que la femme du poëte mourut,
et, si l'on en croit quelques suppositions, d'une mort vo-
lontaire, pour céder le cœur de Bürger à Molly, sa sœur.
Ils s'épousèrent donc et vécurent heureux, quoiqu'ils fussent bien pauvres, et de là datent les chants de la liberté,
de la joie de Bürger. Mais, hélas ! Molly mourut dans ses
premières couches, et notre poëte fut au désespoir. Il errait donc d'un lieu à l'autre, traînant avec lui une maladie de poitrine, lorsqu'une veuve de Francfort, se disant
amoureuse de ses poésies, lui fit des propositions de mariage par écrit. Comme elle avait de la fortune, il accepta ;
mais un an après son troisième mariage, il divorça et s'en
fut chercher la mort et une place à côté de sa chère Molly.

LA HARPE.

La première femme de la Harpe, fille d'un limonadier de Paris, ne manquait ni d'esprit ni de beauté. Elle s'acquittait à merveille de tous les rôles qui lui étaient assignés, ainsi qu'à son mari, dans les petits théâtres de salons. Elle brilla toujours au château de Ferney, allant de pair avec Voltaire. La détention de son mari et les dangers continuels dont il était menacé sous le règne de la terreur, développèrent chez cette femme une aliénation mentale, et, après une union de trente ans, elle se noya dans un puits à Saint-Germain-en-Laye. Cinq ans après ce triste trépas, la Harpe épousa une jeune personne bien née, mais fantasque et capricieuse. Elle sollicita et obtint le divorce peu de temps après son mariage, et s'éloigna de sa famille, qui n'en entendit plus parler.

MIRABEAU.

En 1772, Mirabeau épousa mademoiselle de Marignan, belle et riche personne. Pouvant satisfaire ses goûts de dépenses, il se livra à de tels excès de prodigalités, qu'au bout de deux ans son père crut devoir le faire interdire et confiner dans ses terres par ordre du roi. Après cela, sur un mot de son père, il fut enfermé au château d'If, transféré au fort de Joux, puis amené à Pontarlier. Il profita de la liberté qu'on lui donna dans cette ville pour séduire la marquise Monnier, avec laquelle il s'enfuit furtivement en Suisse, de là en Hollande. Arrêté à Amsterdam, il fut ramené en France et renfermé dans le donjon de Vin-

ccnnes. Libre enfin, après quarante-deux mois de capti-
vité, il osa chercher à se rapprocher de sa femme, qui
avait hérité de six mille francs de rente : elle lui pardonna
ses scandales et ses débauches ; elle fut même sur le point
de céder à ses instances, mais des conseils étrangers la
firent changer d'avis. Mirabeau plaida et perdit sa cause.

DUCIS.

Madame Ducis, semblable à la Discorde, ne cessait, par
son avidité et ses idées vulgaires, d'irriter le caractère le
plus irritable. Cette pauvre femme n'entendait rien ni aux
vers, ni à la tendre dévotion, ni au désintéressement de
son illustre mari. Elle n'aimait de ses ouvrages que l'argent qu'ils rapportaient, et recommençait chaque jour ses
lamentations sur la place de sénateur que Ducis avait re-
fusée. Ne sachant à qui s'en prendre de ce refus, elle en
accusa tous les amis de son mari. Ce qui faisait dire à Ducis : « Je sais bien que ma femme ne peut concevoir mon
refus ; mais elle est femme : la richesse, les titres, les honneurs, son intérêt personnel, tout cela agit sur elle, et cela
ne m'étonne point... Vous voyez bien que c'est dans moi-
même, au fond de moi-même et par moi-même, que je
dois chercher mon bonheur. »

BERNARDIN DE SAINT-PIERRE.

Sur le déclin de l'âge, Bernardin de Saint-Pierre éprouvait chaque jour davantage le besoin d'avoir une compagne
de ses peines et de sa joie. Sa fortune jusqu'alors avait été

trop mauvaise pour qu'il pût songer à se marier, et son âge commençait à lui faire craindre de trouver difficilement une femme telle que son cœur la souhaitait. Cependant une jeune personne dont, sans le savoir, il avait troublé le repos, devait fixer son choix. Mademoiselle Didot n'avait pu voir l'auteur de tant d'ouvrages qu'elle admirait sans être profondément touchée ; elle aima cette simplicité unie à un mérite si supérieur, ces vertus domestiques qui naissent tout naturellement des méditations les plus sublimes. L'amour est un feu qui rayonne de toutes parts : celui de mademoiselle Didot fut bientôt aperçu et partagé. Les parents de cette charmante personne virent ses dispositions avec joie et accueillirent la demande de Bernardin de Saint-Pierre avec transport. Mais la crainte de n'être pas assez aimé venait souvent troubler le bonheur de ce dernier. Il désirait une femme qui partageât son goût pour l'étude et pour la campagne ; il songeait à quitter la capitale pour vivre plus à l'aise dans un hameau. Voici le fragment d'une lettre dans laquelle il exprimait ses craintes et ses espérances à celle même qui les faisait naître : c'est dans les choses les plus simples qu'on doit aimer à lire le secret des grandes âmes.

« Plus je vous connais, dit-il, plus je trouve de raisons de vous estimer et de vous aimer. Mais dois-je espérer que vous serez heureuse avec un homme qui a presque deux fois votre âge ; qui, dans peu d'années, entrera dans la carrière des infirmités, et qui regarde comme la plus douce perspective de sa vie de la passer à la campagne, loin des hommes ? Verrez-vous sans regrets vos plus beaux jours s'écouler dans la solitude ? J'ai besoin d'un ami ; le trou-

verai-je en vous ? Serez-vous cette moitié de moi-même,
ce cœur que j'ai tant de fois demandé à Dieu, et sur lequel
il faut que je puisse reposer mon cœur? Consultez-vous
vous-même sur tous vos devoirs ; car à votre âge ce ne
sont pas des plaisirs. Vous êtes jeune ; vous pouvez trouver aisément un jeune homme aimable. Pesez toutes ces
considérations, et, si vous vous décidez, non d'après l'a-
veu de vos parents, trop faciles à se faire illusion sur moi,
mais d'après votre propre cœur, à m'aimer pour moi-
même, à épouser tous mes goûts et à partager toutes mes
peines, vous serez ma consolation, ma joie et le centre de
tout mon bonheur. »

La réponse fut telle que M. de Saint-Pierre pouvait la
désirer. Il épousa mademoiselle Didot. Il ne put vieillir
sur son sein. Ils étaient retirés dans une maison à Essonnes,
lorsque cette épouse chérie, qui deux fois l'avait rendu
père, fut attaquée d'une maladie de poitrine. Effrayé de
l'état où il la voyait, Bernardin de Saint-Pierre revint avec
elle à Paris pour consulter les médecins. Le mal était sans
remède. Après quelques mois de souffrances, elle expira
à la fleur de son âge, regrettant la vie et ne pouvant se
consoler de laisser celui dont elle avait voulu faire le bonheur, seul avec deux enfants, l'un âgé de quatre ans et
l'autre de huit mois.

Cependant la retraite d'Essonnes, où il avait passé avec
elle de si beaux jours, lui était devenue insupportable. Il
s'était flatté, mais en vain, d'y trouver quelque soulage-
ment à sa peine : ces vergers qu'il avait plantés, cette petite rivière qui les environnait de ses eaux limpides, ces
îles collatérales couvertes de grands saules et d'aunes touf-

fus, et la colline qui abrite au nord ce fortuné séjour, et ce vallon paisible qui ouvre au loin les plus charmantes perspectives, tout ce qu'il avait aimé autrefois faisait alors couler ses larmes, en lui rappelant celle qu'il avait perdue. Il croyait la voir encore à l'ombre d'un arbre, assise à ses côtés, sa fille Virginie à ses pieds, son petit Paul sur son sein, le contentement dans les yeux, et faisant retentir de ses chants ces rives solitaires. Mais plus souvent il se la représentait sur un lit de douleur, se reprochant, malgré les plus douces consolations, d'être la cause de toutes ses peines, et, dans sa longue agonie, se livrant à de tendres sollicitudes sur le sort à venir de son mari et de ses chers nourrissons.

Il revint donc à Paris, où, depuis plusieurs années, il jouissait d'un logement au Louvre ; et c'est là qu'il voulut commencer l'éducation de ses enfants. Mais il sentit bientôt les embarras de cette tâche : âgé de soixante-trois ans, il ne pouvait se livrer à ces soins minutieux qui sont réservés à la patience maternelle. A cette époque, il allait souvent chez madame la comtesse de G..., femme aussi distinguée par son esprit que par les rares qualités de son âme, et que les circonstances avaient placée à la tête d'un pensionnat de demoiselles. Environné de jeunes personnes, M. de Saint-Pierre se plaisait à les suivre dans leurs promenades champêtres ; et quelquefois il leur dictait de petits sujets de composition, qu'il voyait ensuite avec intérêt. Parmi ces compositions, il ne put s'empêcher de remarquer celles de mademoiselle de Pelleporc. Déjà charmé de ses grâces et de son esprit, il étudia ses goûts, et désira la donner pour mère à ses enfants. « J'ai trouvé, disait-il, dans une lettre, une jeune personne également propre à prendre soin du bas âge de mes enfants et des vieux jours de leur père, à supporter avec moi la bonne et la mauvaise fortune, à faire, par son éducation et par ses grâces, les honneurs d'un palais, et par ses sentiments et sa vertu, le bonheur d'une cabane. »

Mademoiselle de Pellepore, captivée par l'admiration que lui inspirait l'auteur de *Paul et Virginie*, devint sa compagne, et, comme il le disait, la mère de ses enfants. Le sacrifice ne fut pas seulement celui de l'enthousiasme, il fut encore celui de la réflexion. En épousant un vieillard, mademoiselle de Pellepore, seulement âgée de dix-huit ans, savait tous les devoirs qu'elle allait s'imposer ; mais elle mit son bonheur à les remplir, et ils eurent encore tous les charmes de la vertu.

Vers ce temps, Bernardin de Saint-Pierre parvint à recueillir toutes ses économies, et, pour les soustraire aux créanciers du père de sa première femme, dont les biens étaient grevés d'hypothèques, il les plaça secrètement chez un banquier, qui, trois mois après, fit banqueroute.

Cette perte dut lui être sensible ; c'était sa fortune entière, et, à son âge, l'avenir sans fortune ne présente qu'une bien triste perspective. Sa jeune femme, dont il craignait le chagrin, lui donna l'exemple de la résignation, et il fut si touché, qu'il ne put s'empêcher d'en témoigner sa joie dans cette lettre : « Je sentis, dit-il, que mes forces morales étaient doublées par les siennes, et que j'avais une véritable amie. Son extrême jeunesse m'avait empêché de lui révéler ce dépôt ; mais, résolu de le réclamer par la voie des tribunaux, je ne pouvais lui en dissimuler la perte. Elle ne fut sensible qu'au mystère que je lui en avais fait, et me dit avec une fermeté touchante : « Nous avons vécu sans cet argent, nous nous en passerons bien encore ; quoi qu'il arrive, je me sens assez de courage pour te soutenir, toi, ma mère et mes enfants, du travail de mes mains. Je rendis donc grâce au ciel de mon malheur ; en perdant mon trésor, j'en découvrais un autre plus précieux que tous ceux que la fortune peut donner : quelles dignités, quels honneurs égaleront jamais pour un père de famille les vertus d'une épouse ! »

Cependant, comme il avait refusé de signer les conditions faites aux autres créanciers, son débiteur lui fit offrir une maison de campagne, située sur les bords de l'Oise, dans le petit village d'Éragny. Cette offre le remplit de joie ; il se hâta de l'accepter, et c'est dans cet asile qu'il passa les dernières années de sa vie, et qu'il rendit le dernier soupir. Là, le cœur plein des plus tendres sentiments, riche d'ordre et de modération, sa vie s'écoulait dans un agréable repos. Que de fois, en voyant son petit Paul endormi dans les bras de sa nouvelle mère, Virginie assise devant elle et lisant sa leçon dans un volume de *Télémaque*, il quittait sa plume, environnait sa jeune famille de ses bras paternels, et bénissait la Providence de se voir revivre dans ses enfants ! Puis il leur donnait un baiser, et, plein d'émotion, retournait à son travail. Si des affaires obligeaient sa femme de s'éloigner pour quelques jours, il prenait sur lui seul tous les soins du ménage ; ses enfants travaillaient à ses côtés, et souvent il était témoin de petites scènes de famille qui remplissaient de joie son cœur paternel. Voici comment il faisait à sa femme le récit d'une de ces journées passées loin d'elle : « Virginie et Paul sont entrés à neuf heures dans ma chambre ; ils m'ont récité leur leçon qu'ils n'ont pas mal dite. Virginie a servi le déjeuner, et, en sortant de table, j'ai vu avec surprise Paul sauter au cou de sa sœur, et tous deux s'embrasser avec tendresse, bras dessus, bras dessous, s'appelant mon cher petit frère, ma bonne petite sœur ; ils m'ont dit que tu leur avais bien recommandé de s'aimer, et qu'ils n'auraient plus de querelles à l'avenir. J'ai été ému de ce mouvement d'amitié produit dans l'intention de te plaire. Ils m'ont demandé des plumes, et ils sont occupés à présent à écrire. J'ai recommandé à ma fille de se ressouvenir que, pendant ton absence, elle représentait la mère de famille ; qu'elle en devait servir surtout à son frère, et en revêtir la douceur, la bonté et la dignité, dont tu es un si parfait modèle. Vraiment elle cherche à t'imiter. » Sa santé s'affaiblissant de jour en jour, il sentit bientôt l'impossibilité de continuer lui-même l'éducation de ses enfants. C'est alors qu'on lui accorda une place à Écouen pour sa fille, et que les portes d'un lycée s'ouvrirent pour son fils. Il accepta la première de ces faveurs, et il sollicita l'autre, voulant, autant qu'il était en lui, rendre égal le sort de ses enfants. Mais il ne céda à la nécessité de cette séparation qu'avec une extrême répugnance, et ce fut un des plus grands chagrins de sa vieillesse. Demeuré seul avec sa femme, il ne tarda pas à voir arriver la fin de ses jours. Sa douce philosophie ne put le rendre insensible à l'idée de se séparer d'une femme qu'il aimait, et dont il disait avec attendrissement : « Je la vois sans cesse occupée à retenir mon âme prête à s'échapper. » Elle le décida à recevoir les conseils d'un de ses amis, le docteur Alibert; mais, en les recevant, il lui dit : « Je sens que vos soins sont inutiles, et vous allez me faire boire la ciguë comme à Socrate. » S'étant fait porter dans son jardin, il remarqua un rosier du Bengale tout chargé de fleurs, mais dont une partie des feuilles étaient jaunies par le vent. Il le regarda un instant, et, le montrant à sa femme, il lui dit : « Demain les feuilles jaunes n'y seront plus; » et, comme il vit que ces paroles lui faisaient répandre un torrent de larmes, il ajouta doucement : « Pourquoi te livrer à d'inutiles regrets? Ce qui t'aime en moi vivra toujours. Souviens-toi des diverses périodes de notre vie, et tu verras qu'il doit encore me revenir quelque chose. Tout va s'améliorant en nous et autour de nous. N'ai-je pas été petit enfant entre les bras de ma nourrice? N'ai-je pas ensuite balbutié des mots et répondu par mes caresses aux caresses de mes parents? Jeune, j'ai parcouru le globe avec des plans de république; j'étais alors plein d'ambition et malheureux. Ensuite ma raison s'est éclairée; je me suis approché de la nature et de Dieu, et voilà que mon âme est prête à se rejoindre à lui. Tu le vois, la fin d'une période a toujours été le commencement d'une autre, comme la fin du jour est l'annonce d'une nouvelle aurore, comme la fin de l'hiver est l'annonce d'un nouveau printemps. Ainsi la mort est suivie d'une existence immortelle. Mais toi, chère amie, toi qui n'as pas été ici-bas la compagne de mes beaux jours, mais qui as supporté les infirmités de ma vieillesse, ne te laisse point abattre; ta tâche ne finit point avec moi : je te confie, en mourant, ma gloire, mes ouvrages et le sort de mes enfants. » Quelques heures avant sa mort, en sortant d'une longue faiblesse, comme il vit sa femme et Virginie tout en pleurs autour de son lit, il leur tendit la main ; sa voix n'était plus qu'un souffle ; à peine il put leur dire : « Ce n'est qu'une séparation de quelques jours, ne me la rendez pas si douloureuse ! Je sens que je quitte la terre et non la vie ! » Et, comme s'il eût cédé à la plus tendre conviction, il ajouta : « Que ferait une âme isolée dans le ciel même ! » Ces mots touchants furent presque les derniers qu'il prononça ; peu d'heures après, l'auteur de *Paul et Virginie* n'était plus !

BYRON.

Après ses voyages, Byron, enivré de louanges et de succès faciles, ennuyé de tout et mécontent de sa fortune, trop médiocre pour son rang et ses goûts, songea sérieusement à se marier. Il avait vu longtemps miss Milbanke avec une complète indifférence, non qu'elle fût sans beauté, elle était même remarquable sous ce rapport ; non qu'elle ne fût pas spirituelle, elle faisait des vers ; mais parce qu'elle avait un caractère froid et sévère qui ne pouvait sympathiser avec celui de lord Byron. Comment il fut conduit à demander sa main, c'est ce qu'on ignore. Elle le refusa d'abord ; et cependant, d'après une coutume anglaise, qui étonne notre pruderie française, elle continua à correspondre avec lui. Au bout d'une année, il demanda de nouveau sa main et l'obtint. Fascinée par la gloire du poëte, malgré tout ce qui s'y mêlait de scandale et de frivolité, miss Milbanke se flatta de fixer Byron, et de le corriger par

l'amour. Le mariage eut lieu le 2 janvier 1815 ; le 10 dé-
cembre de la même année, lady Byron lui donna une fille,
son Ada, la seule fille de sa maison et de son cœur. Le
15 janvier 1816, lady Byron, après avoir écrit une lettre
pleine d'affection à son mari, lui fit savoir qu'elle ne le
reverrait jamais. Ce divorce perdit Byron dans le monde ;
tous les salons lui furent fermés, toutes les bouches le
maudirent, quoiqu'on en ignorât la cause. « Les causes
de notre séparation sont trop simples pour être aisément
trouvées, a dit Byron. » C'est alors qu'il reprit son bâton
de pèlerin, et courut le monde de nouveau. A Coppet, madame de Staël comprit ses angoisses. Pour les calmer, elle
le décida à tenter un raccommodement avec lady Byron.
La démarche qu'il fit ne réussit pas. Cependant, malgré
l'originalité inconcevable de son caractère, Byron avait su
apprécier les douceurs du mariage. Témoin ces stances
qu'il avait adressées à lady Byron, quelques mois avant
leur séparation :

« Il est un fil mystérieux de vie si étroitement mêlé au seul fil de la
« mienne, que l'inexorable fer de la destinée doit les trancher tous
« deux, ou ni l'un ni l'autre.

« Il est un être sur lequel mes yeux se sont souvent arrêtés avec un
« tendre plaisir ; cet être les charme pendant le jour, et les rêves le
« leur rendent pendant la nuit.

« Il est une voix dont les accents font éprouver à mon cœur de tels
« transports, que je ne voudrais pas écouter un chœur de séraphins
« auquel cette voix ne se joindrait pas.

« Il est un visage dont la rougeur exprime l'amour le plus vif, mais
« qui pâlit à chaque adieu, de manière à en dire bien plus que les pa-
« roles les plus tendres.

« Il est une bouche que la mienne a pressée, et qu'aucune bouche

« n'avait pressée auparavant ; elle a juré de me rendre heureux, et,
« en réponse, elle a reçu de moi un baiser encore plus tendre.

« Il est un sein à moi tout entier, sur lequel s'est souvent appuyée
« ma tête souffrante ; des lèvres qui ne s'ouvrent que pour moi, des
« yeux qui ne versent des larmes que pour les mêler aux miennes.

« Il est deux cœurs dont les battements sont tellement simultanés,
« que, se répondant sans cesse, il faut qu'ils palpitent ensemble, ou
« qu'ils cessent de palpiter.

« Il est deux âmes qui se cherchent et se comprennent si bien, que,
« lorsqu'elles se sépareront... se séparer?... Non, elles ne peuvent se
« séparer... ces deux âmes n'en font qu'une. »

Le moment de séparation arrivé, Byron sentit tout le
poids de ses malheurs. Aussi, autant ses poésies d'affection adressées à son épouse avaient été tendres, tou-
chantes, autant ses adieux devinrent déchirants. Je ne puis
résister au désir de les rapporter même avec cette longue
épitaphe :

ADIEU DE BYRON A LADY BYRON.

« Hélas ! ils s'aimaient dans leur jeunesse ; mais des langues
« perfides savent empoisonner la vérité, et la constance n'ha-
« bite que les cieux ! Les sentiers de la vie sont hérissés, la
« jeunesse n'est que vanité, la colère contre ce qu'on aime
« devient une véritable démence.

« Ils se quittèrent pour jamais ! Ni l'un ni l'autre ne trouva
« un autre lui-même pour se consoler du vide pénible de leur
« cœur ; ils se tinrent éloignés, gardant les cicatrices de cette
« séparation violente, comme deux rochers creusés par les
« travaux des hommes ; une mer odieuse coule entre leurs
« fragments divisés ; mais, ni les étés, ni les hivers, ni la
« foudre ne peuvent effacer entièrement, je pense, les mar-
« ques de ce qu'ils furent autrefois. »

Christabelle, poëme de COLERIDGE.

« Adieu ; et c'est pour toujours, eh bien, pour toujours adieu ! Tu te montres en vain inexorable ; jamais mon cœur ne se révoltera contre toi. Que ne peut-il s'ouvrir à tes yeux, ce cœur où tu as si souvent reposé la tête, alors que descendait sur toi ce paisible sommeil que tu ne connaîtras plus ; que ne peut-il s'ouvrir à tes yeux et te dévoiler ses plus secrètes pensées ! Peut-être avouerais-tu enfin que ce n'était pas bien de le repousser ainsi.

« En vain le monde t'approuve et applaudit en souriant au coup fatal qui me déchire ; les louanges du monde doivent t'offenser, quand elles sont fondées sur le malheur d'un époux.

« J'ai eu bien des torts à me reprocher ; mais ne pouvait-on pas choisir, pour me faire une si cruelle blessure, d'autres bras que ceux qui m'enlaçaient jadis ?

« Cependant, ne t'abuses pas toi-même : l'amour peut s'évanouir peu à peu ; mais ne crois pas que les cœurs puissent être ainsi désunis par une violence soudaine. Le tien conserve encore son amour ; le mien, quoique saignant, palpite encore, et l'éternelle pensée qui le dévore est que nous pouvons ne plus nous revoir.

« Ces mots sont plus tristes que les lamentations sur un cercueil ; nous vivrons éloignés, et chaque jour nous réveillera sur une couche veuve et solitaire. Quand tu voudras te consoler avec ta fille, quand ses premiers accents frapperont ton oreille, lui apprendras-tu à dire : Mon père ! quoiqu'elle ne doive jamais recevoir ses caresses ?

« Quand ses petites mains te presseront, quand ses lèvres iront chercher les tiennes, pense à celui qui fera toujours des vœux pour ton bonheur ; pense à celui que ton amour eût rendu si heureux. Et si les traits de notre enfant ressemblent à ceux de l'époux que tu ne dois plus revoir, ton cœur fidèle encore palpitera pour moi.

« Toutes mes erreurs te sont connues peut-être, personne ne sait jusqu'où va mon délire ! Toutes mes espérances se flétrissent partout où tu es ; et cependant elles ne suivent que toi. Tous les sentiments de mon cœur ont été ébranlés ; mon orgueil, que personne ne pouvait faire fléchir, s'humilie devant toi ; abandonné par toi, je sens que mon âme elle-même m'abandonne.

« C'en est fait, toutes les prières sont inutiles, et les miennes sont encore les moins écoutées ; mais il est des pensées que nous ne pouvons maîtriser, et qui nous échappent malgré nous-mêmes. Encore une fois, adieu ! séparé de tout ce qui m'est cher, mon cœur se consume ; je suis solitaire, désolé, et, ce qui augmente mon désespoir, je ne puis encore mourir. »

Il fallait que cette affection fût bien sincère, puisque le poëte continua de lui adresser des vers. Voici ceux qu'il lui envoya le sixième anniversaire de leur mariage :

> Voilà six ans que, grâce à l'hyménée,
> Nous n'étions qu'un ; mais ce temps trop heureux
> O caprice du sort ! n'a duré qu'UNE année.
> Depuis cinq ans nous sommes DEUX.

Cette solitude influa sur toute son existence, et répandit des flots d'amertume sur tous ses jours. Quelques fragments des conversations de lord Byron avec la comtesse de Blessington suffiront pour nous donner une idée de Byron, relativement à son épouse séparée loin de lui :

« Je ne me rappelle pas, dit la noble lady, m'être jamais trouvée avec Byron sans qu'il ait amené la conversation sur lady Byron. J'en ai tiré la conclusion qu'elle était continuellement présente à la pensée de son mari, et qu'il a toujours vivement désiré une réconciliation.

« Quand j'épousai lady Byron, disait-il avec l'accent d'une sincérité parfaite, je ne consultai point mon intérêt ; et si je ne cédai pas non plus à cet amour passionné, sauvage, indomptable, comme on l'entend ordinairement, j'avais au moins pour ma femme toute la tendresse d'amitié qui eût suffi pour faire son bonheur, si mon caractère eût été moins mauvais. L'air et la physionomie de lady Byron me charmèrent dès la première fois que je la vis : elle n'a jamais cessé de me plaire ; et, sans le malheureux état de mes affaires, sans le gaspillage antérieur de ma fortune, sans les misérables et injurieuses tracasseries de mes créanciers, qui, en me poursuivant tous les jours et à toute heure de la journée, me brûlèrent le sang et me renversèrent la tête, je n'eusse jamais forfait à l'affection de lady Byron. Je dois reconnaître que je ne puis avoir laissé une bonne idée de moi dans son esprit. Avec mon caractère étrangement irascible et encore comprimé, enflammé par les attaques et les poursuites journalières de ces impitoyables créanciers, il n'est pas étonnant que je sois devenu maussade, exigeant, violent jusqu'à l'inconvenance et au manque d'égards, pour ne rien dire de plus, et que je lui aie inspiré un profond dégoût; mais si elle m'avait aimé véritablement, elle se fût identifiée avec moi; elle eût pris sa part de mes souffrances, et m'eût appris à guérir les siennes!... Je lui ai écrit nombre de fois, et j'ai encore l'habitude de lui écrire de longues lettres. Plusieurs lui ont été envoyées, et n'ont pas obtenu de réponse; d'autres sont encore en mes mains, car j'ai désespéré de ma cause. »

« Chaque fois que Byron amène la conversation sur lady Byron, ce qui lui arrive souvent, il déclare ignorer complétement la cause qui l'a portée à se séparer de lui; mais il avoue qu'il craint bien de devoir son malheur à l'odieuse intervention de mistress Charlemand. C'est vraiment une chose étrange que cette séparation! Il affirme qu'il n'a négligé aucune démarche pour amener une réconciliation, et ne manque jamais d'ajouter avec amertume : « Un jour viendra où je serai vengé. Je sens que ma vie ne sera pas longue désormais, et quand le marbre aura refermé mon tombeau, que se passera-t-il en elle? »

« Quand lord Byron se laissait aller à faire l'apologie de lady et de ses qualités personnelles comme épouse et mère, je lui demandai toujours comment il pouvait faire accorder cela avec certains sarcasmes qui paraissaient porter contre elle dans ses ouvrages. « Oh! me répondit-il avec son sourire, en hochant la tête, je lui lançais ces épigrammes pour la piquer et la vexer, lorsque son refus obstiné de répondre à mes lettres, et même de les recevoir, me montait la tête contre elle. Mais le sarcasme n'était que de l'amour tourné dans mon cœur, et je me repentais ensuite d'avoir ouvert ce pauvre cœur au public. Eh bien, ajoutait-il, ce dépit concentré était toujours plus fort que mes remords, que mes plus fermes résolutions de ne plus commettre la même faute, et, à chaque nouvelle provocation de sa part, je répondais par la même vengeance, petite et indigne d'elle et de moi, je l'avoue !... »

« Il est évident que lady Byron occupe incessamment l'attention de son mari : il prononce fréquemment son nom, se plaît à revenir sur le court espace de temps qu'il a vécu avec elle, et à parler longuement de ses agréments, de ses qualités de femme, d'épouse, de mère, et répète que lady Byron n'est pas, à la vérité, une beauté régulière, mais qu'il aime singulièrement son regard. Il fait sur elle de nombreuses, de minutieuses questions, et regrette beaucoup que je ne l'aie jamais vue, et que je n'aie pu lui dire quelle figure, quelle physionomie elle a maintenant. En un mot, une foule de particularités ne me permettent pas de douter qu'elle occupe toujours son esprit, et que sa pensée plane incessamment entre lady Byron et son enfant. Il m'a avoué que, lorsqu'il pèse toute la conduite de sa femme, sa réserve glacée, son silence obstiné, son refus de répondre à aucune lettre, et, enfin, cet implacable ressentiment d'où ne perçait pas même l'espoir d'un raccommodement à venir, scellé par un double baiser sur la joue de leur enfant, il se laisse aller à la plus violente exaspération contre elle, et ne peut empêcher ses sentiments de déborder dans ses écrits. Il a été plus loin, et m'a avoué qu'il rougit de n'avoir pas assez d'empire sur lui-même pour chasser de son âme une créature qui, à en juger par sa conduite, ne lui daignait pas même faire l'aumône d'une pensée. Le silence énigmatique de lady Byron l'a vivement piqué, et tient au vif une plaie aussi saignante dans son cœur que si le coup venait d'y être porté. Il y a quelque chose de si humiliant dans la conscience acquise qu'un être qui nous est cher, auquel nous nous croyons nécessaire, et qui occupe toutes nos pensées, en est venu là, de ne tenir pas seulement à savoir si nous vivons encore, ou du moins à se conduire comme s'il en était ainsi ; que j'excuse sans peine les amers reproches du pauvre Byron à ce sujet, tout en le blâmant de jeter au public le venin de cette plaie douloureuse. »

Terminons ces citations de la comtesse de Blessington par les pensées de Byron sur la femme qu'il avait rêvée comme le type de l'épouse pour l'homme de talent. « Les hommes de talent, dit-il une fois, commettent une grande faute quand ils épousent une femme nulle sous le rapport intellectuel ; je sais bien aussi qu'une femme savante est le carcan de son mari ; mais le mal est qu'on porte la frayeur du carcan jusqu'à épouser des femmes qui ne gênent point, mais aussi qui ne comprennent pas. Les hommes sont trop pénétrés de cette idée qu'une femme de talent est nécessairement disputeuse et despote ; mais ils ne réfléchissent pas que ces défauts tiennent plutôt à la vanité qu'à la conscience naïve d'un talent réel. Mon beau idéal, à moi, c'est une femme qui ait assez de talent pour comprendre et apprécier le mien, mais pas assez pour briller elle-même à mes dépens. Tous les hommes qui ont quelque fierté rêvent le même idéal ; il y en a bien peu, s'il y en a, qui aient le courage de l'avouer. Il faut, selon moi, qu'un homme ait la conscience bien forte de sa grande supériorité, pour ne pas craindre la présence d'une rivale à ses côtés sur le trône, encore que cette rivale soit sa femme : or, par la même raison que nul n'est un héros pour son valet de chambre, nul aussi n'est homme de génie pour la femme qui est avec lui derrière le rideau, quand il descend de son piédestal ; à moins que cette femme ne manque d'intelligence et n'admire toujours son mari d'autant plus qu'elle le comprend moins. Le génie, comme les grands, veut être vu à distance, et ne souffre pas un examen minutieux. Imaginez le plus grand héros du monde, vainqueur dans cent batailles.

surprenez cet homme dans son lit, avec son bonnet de coton, sous le coup de quelque infirmité, et dites-moi si vous avez la force de l'admirer, de le reconnaître ! — C'est bien pis pour le poëte, lui dont les écrits tendent à nous transporter dans une atmosphère céleste, à nous isoler de la vie réelle et ordinaire ; pour le poëte, Prométhée, par qui nous vient le feu du ciel ! — voyez-le en travail de quelque poésie ; regardez-le raturant, surchargeant, se frappant le front pour faire des vers que nous croyons découlés d'une homérique inspiration ; — puis voyez-le manger, boire, se coucher comme le plus vulgaire des mortels, — vous serez bientôt tenté de mettre votre épaule contre la sienne ! — J'ai acquis, par moi-même et par les autres, la certitude que les hommes de génie, surtout les poëtes, ne peuvent être bien appréciés par ceux qui vivent avec eux familièrement. Ils doivent se montrer fort peu en public, nous laisser désirer leur présence, céder rarement au plaisir de la bouche en société. »

TALLEYRAND.

Le premier consul avait annoncé, au commencement de son consulat, qu'il voulait que son gouvernement fût un gouvernement honnête ; il donna plus tard clairement à entendre à de Talleyrand qu'il fallait qu'il renonçât à vivre publiquement avec madame Grant, ou qu'il l'épousât. Cette alternative embarrassa tant soit peu l'ex-évêque d'Autun. Il voulut éluder pendant plusieurs mois, et enfin vivement pressé par le premier consul, il se décida pour le mariage ; mais il voulut que la cérémonie se fît avec le moins de publicité possible.

Madame Grant avait été connue par de Talleyrand à l'époque où il était en émigration ; elle était venue le rejoindre en France après son arrivée de Berlin ; et, quoique mariée, elle vivait publiquement avec lui. Le premier consul avait en vue de rendre au gouvernement la forme monarchique, et voulait dès lors faire changer aussi ce qu'il y avait de choquant pour quelques âmes dévotes et timorées dans certaines habitudes contractées depuis quelques années dans la société. C'est ce qui explique son insistance pour que de Talleyrand consentît à subir le joug du mariage.

On raconte de différentes façons la manière dont fut célébré le mariage de M. de Talleyrand : nous prenons dans un ouvrage, déjà publié de son vivant, la version suivante, qui nous paraît la plus probable.

« Les lois exigeaient alors que tous les mariages fussent célébrés le décadi, dans le chef-lieu du canton, immédiatement après la publication des actes du gouvernement. De Talleyrand avait une maison de campagne à Epinay, dépendant du canton dont Pierrefitte est le chef-lieu. Le ministre des relations extérieures ne douta pas qu'un maire de village ne montrât beaucoup d'empressement à se conformer à ses désirs. Il engagea donc le maire de Pierrefitte à se rendre à un jour et à une heure indiqués à Epinay, avec les registre de l'état civil, pour y prononcer son union et l'inscrire dans les formes ordinaires. Le maire était un propriétaire assez riche, fort indépendant, qui même avait été membre de la première administration de Paris avec MM. de Larochefoucauld, Pastoret et de Lacépède. Il connaissait les devoirs que lui imposait la loi, et écrivit à de Talleyrand pour lui témoigner ses regrets de ne pouvoir obtempérer à sa demande. Le mariage se fit donc à Paris, où de Talleyrand trouva un maire plus complaisant; mais jamais il ne témoigna le moindre ressentiment au maire de Pierrefitte. »

Il était présumable que, ce mariage fait, madame de Talleyrand jouirait de toutes les prérogatives attachées à sa nouvelle position; mais il n'en fut pas ainsi, et le premier consul lui interdit l'entrée des Tuileries. Le ministre se plaignit; Bonaparte persista dans son refus. De Talleyrand ayant alors à défendre l'honneur de son nom, offrit sa démission du ministère. Il y eut négociation, et un accommodement par lequel il fut convenu que madame de Talleyrand aurait le droit de venir à la cour, à la condition expresse qu'elle n'y viendrait pas; qu'elle y paraîtrait seulement une fois, afin de constater ce droit. Tout se passa comme il avait été convenu par ce traité. Plus tard, lorsque l'empereur épousa Marie-Louise, il fit prévenir de Talleyrand que madame de Talleyrand ne ferait point partie des dames qui seraient présentées à l'impératrice. De Talleyrand fut forcé d'éloigner son épouse de la capitale.

Madame de Talleyrand était fort bête, et comme quelqu'un témoignait un jour son étonnement au ministre de ce qu'il pût trouver de l'agrément dans la conversation d'une telle personne : « Cela repose, dit-il, des graves travaux. »

L'ignorance de madame de Talleyrand était tellement grande, que nous ne pouvons résister au désir d'en donner un exemple en rapportant l'anecdote suivante :

Peu de temps après le retour de l'armée d'Égypte et des savants qui avaient fait partie de cette glorieuse expédition, de Talleyrand invita à dîner M. Denon. — C'est, dit de Talleyrand à madame Grant, en possession de faire les honneurs de la maison, un homme très-aimable, un auteur, et les auteurs aiment beaucoup qu'on leur parle de leurs ouvrages. Je vous enverrai la relation de son voyage, vous la lirez afin de pouvoir lui en parler. » De Talleyrand fit porter dans la chambre de madame Grant le volume promis, et celle-ci l'ayant lu, se trouva en mesure de féliciter l'auteur placé à table à côté d'elle.

« Ah ! monsieur, lui dit-elle, je ne saurais vous exprimer tout le plaisir que j'ai éprouvé à la lecture de vos aventures.

— Madame, vous êtes beaucoup trop indulgente.

— Non, je vous assure ; mon Dieu, que vous avez dû vous ennuyer, tout seul dans une île déserte, cela m'a bien intéressée.

— Mais il me semble que...

— Vous deviez avoir une drôle de figure avec votre grand bonnet pointu ?

— En vérité, madame, je ne comprends pas...

— Ah ! moi je comprends bien toutes vos tribulations. Avez-vous assez souffert après votre naufrage ?

— Mais, madame, je ne sais...

— Aussi vous avez dû être bien content le jour où vous avez trouvé Vendredi. »

De Talleyrand avait envoyé à madame Grant les *Aven-*

tures de Robinson Crusoé, et il avait voulu faire ainsi une de ces supercheries qui étaient dans ses habitudes et l'un de ses plus grands agréments.

Nous pouvons garantir, comme positivement vrai, ce que nous venons de raconter. L'un des auteurs, qui a déjà publié cette anecdote dans tous ses détails, l'avait entendu raconter à de Talleyrand lui-même.

Puisque nous nous occupons de madame de Talleyrand, nous rapporterons ce qu'en disait Napoléon à Sainte-Hélène, en même temps qu'il prononçait son jugement sur son mari : « Le triomphe de Talleyrand, disait Napoléon, est le triomphe de l'immoralité : un prêtre marié à la femme d'un autre, et qui a donné une forte somme d'argent à son mari pour qu'il permette à sa femme de rester avec lui; un homme qui a tout vendu, trahi tout le monde et tous les partis! J'ai défendu l'entrée de ma cour à sa femme, premièrement parce que sa réputation était décriée, et parce que j'ai découvert que quelques marchands génois lui avaient payé 400,000 francs dans l'espérance d'obtenir, par l'entremise de son mari, quelques faveurs commerciales. Elle était très-belle femme, des Indes orientales, mais sotte et de la plus grande ignorance. »

Aussi les beaux jours de madame de Talleyrand passèrent vite; vers les dernières années de l'empire, elle n'occupait plus dans sa maison qu'un rôle qui n'était rien moins qu'important. Jeune, elle dut à sa beauté une considération que de Talleyrand lui-même ne garda plus pour elle quand l'âge vint lui enlever ce prestige. De Talleyrand finit par l'éloigner de lui et ne plus la voir.

Peut-être le lecteur impatient a-t-il déjà tiré ses conclusions de tous les faits qui précèdent, et se plaît à répéter ces paroles de Thomas Moore : « Je ne crois pas, a dit ce poëte, qu'il puisse être mis en doute que ceux que leurs sensations éloignent tellement de la route ordinaire, qui vivent dans une atmosphère au-dessus de la nôtre, soient peu faits pour trouver le bonheur dans le mariage. Bacon, Newton, Gassendi, Galilée, Descartes, Bayle, Locke, Leibnitz, Hume, et un grand nombre d'autres philosophes, ont vécu dans le célibat. Bacon disait que le mariage était un obstacle à toutes les grandes entreprises ; que toutes les découvertes importantes, tous les ouvrages qui avaient influé sur le bonheur de l'humanité avaient été faits par des gens qui n'avaient ni femmes ni enfants. Les poëtes, race plus inflammable, moins propre à résister à l'impulsion du moment, sont tombés plus souvent dans le piége toujours tendu, et leur malheur n'a que trop justifié la prédiction générale. Ce malheur, il est vrai, a dû souvent dépendre du mauvais choix que sont surtout exposés à faire des êtres toujours sous l'empire d'une imagination décevante. »

Quant à moi, il m'importe beaucoup de finir ces recherches par un mariage, comme on n'en voit guère, car c'est un type éternel de contrastes et d'antithèses, l'union de la beauté et de la difformité, de la raison et de la folie, de la modestie et de la frivolité. *Majus opus moveo.* Ce sera mon grand coup d'orchestre.

SCARRON ET LOUIS XIV.

Examinons d'abord attentivement le portrait de l'amant

peint par lui-même : « Lecteur, qui ne m'as jamais vu,
a-t-il dit, et qui peut-être ne t'en soucies guère à cause
qu'il n'y a pas beaucoup à profiter à la vue d'un homme fait
comme moi, sache que je ne me soucierais pas aussi que
tu me visses, si je n'avais appris que quelques beaux esprits facétieux se réjouissent à mes dépens, et me dépei-
gnent d'une autre façon que je ne suis fait : les uns disent
que je suis cul-de-jatte ; les autres, que je n'ai point de
cuisses, et que l'on me met sur une table, dans un étui,
où je cause comme une pie borgne ; et les autres, que mon
chapeau tient à une corde qui passe dans une poulie, et
que je le hausse et baisse pour saluer ceux qui me visi-
tent. Je pense être obligé en conscience de les empêcher
de mentir plus longtemps. J'ai trente ans passés ; si je
vais jusqu'à quarante, j'ajouterai bien des maux à ceux
que j'ai déjà soufferts depuis huit à neuf ans. J'ai eu la
taille bien faite, quoique petite : ma maladie l'a raccour-
cie d'un bon pied. Ma tête est un peu grosse pour ma
taille : j'ai le visage assez plein pour avoir le corps très-
décharné ; des cheveux assez pour ne pas porter perru-
que ; j'en ai beaucoup de blancs en dépit du proverbe.
J'ai la vue assez bonne, quoique les yeux gros ; je les ai
bleus ; j'en ai un plus enfoncé que l'autre du côté que je
penche la tête. J'ai le nez d'assez bonne prise : mes dents,
autrefois perles carrées, sont de couleur de bois, et seront
bientôt de couleur d'ardoise : j'en ai perdu une et demie
du côté gauche, et deux et demie du côté droit, et deux
un peu égrignées. Mes jambes et mes cuisses ont fait premièrement un angle obtus, et puis un angle égal, puis
enfin un angle aigu ; mes cuisses et mon corps en font un

autre, et, ma tête se penchant sur mon estomac, je ne ressemble pas mal à un Z. J'ai les bras raccourcis, aussi bien que les jambes, et les doigts aussi bien que les bras. Enfin, je suis un raccourci de la misère humaine. Voilà à peu près comme je suis fait. Puisque je suis en si beau chemin, je te vais apprendre quelque chose de mon humeur : j'ai toujours été un peu colère, un peu gourmand et un peu paresseux. J'appelle souvent mon valet sot, et un instant après monsieur. Je ne hais personne ; Dieu veuille qu'on me traite de même. Je suis bien aise quand j'ai de l'argent. Je serais encore plus aise si j'avais de la santé. Je me réjouis assez en compagnie ; je suis assez content quand je suis seul, et je supporte mes maux avec patience. » Tel était Scarron, lorsque le malheur l'unit à l'une des personnes les plus accomplies de son siècle. Mademoiselle d'Aubigné, depuis madame de Maintenon, femme légitime du grand Louis XIV, était alors réduite, pour ainsi dire, au travail de ses mains, et soumise aux caprices d'une protectrice avare, que l'âge rendait de jour en jour plus difficile à vivre. Tant d'infortunes sur une tête si jeune et si jolie excitèrent la compassion du pauvre abbé Scarron ; quoiqu'il fût, sans contredit, le personnage le plus grotesque de toute la capitale, elle se trouva fort heureuse de l'épouser. La manière dont Scarron lui fit l'offre de sa main est trop noble et trop adroite pour que nous la passions sous silence. « Mademoiselle. lui dit-il en la prenant à l'écart, un jour qu'elle avait essuyé sans se plaindre quelques mauvais traitements, je gémis beaucoup sur le tort que vous fait la fortune et sur les duretés que vous éprouvez journellement. Que deviendrez-vous si la suite de vos malheurs vous enlève celle chez qui vous demeurez, et qui, toute revêche qu'elle est, vous conserve dans sa maison? Une demoiselle n'a d'autre ressource que le couvent ou le mariage : voulez-vous être religieuse? Je payerai votre dot. Aimez-vous mieux un établissement? Je n'ai à vous offrir qu'une très-laide figure et qu'une fortune excessivement bornée. » — « Il n'avait alors, dit madame de Maintenon, de mouvement libre que celui de la main, de la langue et des yeux. » Il fut accepté cependant : la noblesse de ses procédés couvrit, aux yeux d'une femme courageuse, la défectuosité de ses traits. Quand il s'agit de dresser le contrat, le notaire demanda ce que le futur reconnaissait en droit à l'accordée : « Quatre louis d'or, répondit Scarron, deux grands yeux très-mutins, un très-beau corsage, une belle paire de mains et beaucoup d'esprit. » — « Quel douaire? » — « L'immortalité! Le nom des femmes de rois meurt souvent avec elles, mais celui de la femme de Scarron vivra éternellement. » Madame de Maintenon a défini cette alliance : « une union où le cœur entrait pour peu de chose et le corps en vérité pour rien. » Scarron se réservait d'amuser souvent ses familiers aux dépens de sa jeune épouse. « Je ne lui ferai pas de sottise, avait-il dit quelques jours avant son mariage, mais je lui en apprendrai beaucoup. » Madame Scarron sentit sa position et se tint sur ses gardes. « Elle passait ses carêmes, dit madame de Caylus, à manger un hareng au bout de la table, et se retirait aussitôt dans sa chambre, parce qu'elle avait compris qu'une conduite moins exacte et moins austère à l'âge où elle était ferait que la licence de cette jeunesse n'aurait plus de frein, et deviendrait préjudiciable à sa réputation. « Je n'étais pas assez heureuse pour agir alors uniquement pour Dieu, a dit madame de Maintenon, mais je voulais être estimée : l'envie de me faire un nom était ma passion. » D'abord timide, elle se montra bientôt aimable et spirituelle, et sa modestie exerça une heureuse influence sur la société de son mari. Une liberté sage et réglée par le bon goût y remplaça la bouffonnerie et la licence. Aussi les réunions devinrent-elles plus brillantes. Le grand Turenne, Mignard s'y rendaient tous les soirs, et il était rare de n'y pas trouver madame de Sévigné et madame de la Sablière. Scarron ne fut pas le dernier à apprécier le mérite de sa femme. Il reconnut en elle un esprit supérieur et se plut à la consulter sur ses ouvrages. Il céda souvent à ses prières, et consentit à retrancher de ses œuvres des passages qui auraient offensé les mœurs. Il vécut avec elle dans la plus douce union, et bénit souvent le ciel de lui avoir donné un pareil trésor. Aussi, lorsqu'il fut sur son lit de mort, il s'attendrit en la voyant baignée de larmes, et la remercia affectueusement de tous les bons offices qu'elle lui avait rendus. N'ayant aucune fortune à lui laisser, il lui légua le pouvoir de se remarier. Veuve à vingt-cinq ans du plus laid des hommes, on sait qu'elle épousa plus tard Louis le Grand. A la cour de Versailles son mérite éclata aussi bien que dans le cercle de Scarron, et elle répandit le bonheur sur tout ce qui l'approchait. Elle fut admise dans les secrets de l'État. Le roi travaillait chez elle avec ses ministres ; les plus grandes affaires étaient discutées et se décidaient en sa présence ; souvent même le roi lui demandait son avis en ces termes : « Qu'en pense votre solidité? » On.

s'il n'était pas d'accord avec son ministre, il disait en se retournant vers elle : « Consultons la raison. » Louis XIV, moribond, ne lui dit pour adieu que ces paroles qui révèlent toute la joie de leur union et la félicité de leurs entretiens : « Je ne regrette que vous ; je ne vous ai pas rendue heureuse ; mais tous les sentiments d'estime et d'amitié que vous méritez, je les ai toujours eus pour vous. L'unique chose qui me fâche, c'est de vous quitter ; mais j'espère bientôt vous revoir dans l'éternité. »

On dit que, poussé par un noble sentiment de respect et d'admiration pour les antiquités de sa patrie, un M. de Lassberg fit imprimer le précieux manuscrit des Niebelüngen, dont il était le propriétaire, sur les quatre murs de son immense salle des chants, afin que ce salon devînt et restât, suivant son expression, une sorte de palais épique consacré aux vieux souvenirs de la sombre Germanie.

Ainsi, en prenant la plume, nous nous sommes proposé d'esquisser un tableau des gloires de l'humanité le plus restreint possible, afin de mieux les populariser en permettant à l'avidité du spectateur de tout embrasser d'un seul coup d'œil.

Cette fois, nous avons la douleur de confesser avec componction que nous avons été trompé dans notre attente en suivant trop loin notre curiosité dans ses digressions. Néanmoins nous ne rebrousserons point chemin.

Nous avions cru faire une histoire poétique du mariage, et rappeler le doux commerce d'Adam et d'Ève dans les bocages odoriférants de l'Éden, et voilà que nous n'avons exposé que les scandales de nombreux divorces. Le récit de la discorde remplace l'amour de l'hymen. Au lieu d'une narration naïve des fêtes conjugales, nous n'apercevons que des mésaventures tellement révoltantes, qu'on ne saurait leur donner d'autre nom que celui de mystère à la mode : car je ne sache aucun chapitre de la biographie qui mérite mieux cette dénomination.

Voilà l'effet. Où est la cause ? Faut-il faire une immense dépense d'esprit pour rechercher, saisir, expliquer, prouver péremptoirement le pourquoi, le comment de tant d'antipathies, de tant de mésintelligences, de tant de séparations ? Assurément ce ne serait pas un hors-d'œuvre si une grosse tête allemande venait, après ces faits, à se livrer, pendant de longues années, à une dissertation profondément raisonnée de la chose. Le sujet l'aiderait à se perdre dans les brouillards épais de l'idéologie. Des volumes suffiraient à peine à ses considérations psychologiques sur la nature, les nuances, les replis le plus cachés, les ressorts les plus imperceptibles des quatre caractères tranchés de l'humanité. Nous serions accablés d'une bibliothèque du divorce.

Les philosophes raillés d'Hermias, l'école d'Athènes, de Riambourg, composent à peu près toutes mes études de philosophie. Ces mots de Pascal : « Bien philosopher, c'est se moquer de la philosophie ; — la philosophie ne vaut pas une heure de peine, » servent d'épigraphe et d'épilogue à mes réminiscences d'opinions ou plutôt de contradictions. Avec une telle dose de philosophie, je ne me sens pas le courage de m'abandonner à des méditations aussi ennuyeuses qu'inutiles. Suivant moi, toute la raison du divorce se trouve clairement exposée dans ces paroles de Byron, qui valent mieux qu'un amas de dissertations. « Les causes de notre séparation sont trop simples pour être aisément trouvées, » a dit le chantre de Childe Harold, en parlant de sa désunion.

Est-ce l'occasion de vanter les avantages du célibat sur les embarras du mariage? Je ne le crois pas. Jamais les abus ne prouveront contre quoi que ce soit, puisqu'il est impossible à l'homme de n'abuser de rien. Aussi répétera-t-on encore le proverbe qui ne prouve guère : Mariez-vous, vous faites bien; ne vous mariez pas, vous faites peut-être mieux. Ce conseil s'adresse à tous les hommes indistinctement, aux hommes de lettres comme aux ignorants.

Quelles que soient nos pensées sur cette question vitale, gardons-nous de méconnaître le mérite des femmes, et de n'écouter que les calomnies d'une injuste satire,

> Reviens de ton erreur, toi qui veux les flétrir :
> Sache les respecter autant que les chérir;
> Et, si la voix du sang n'est point une chimère,
> Tombe aux pieds de ce sexe à qui tu dois ta mère.

Aussi, bien que j'adore, comme Tertullien, toute la plénitude des saintes Écritures avec la tendre foi du chrétien et l'enthousiasme poétique et reconnaissant de l'homme, je n'adopterai jamais pour un de mes axiomes de prédilection ces versets du cœur blasé et repu de l'Ecclésiaste : « J'ai éprouvé que la femme est plus amère que la mort, plus perfide que les lacets des chasseurs : son cœur est un filet ; ses mains n'étendent que de lourdes chaînes. Je n'ai pas rencontré l'âme qu'aime mon âme. J'ai compté un homme sur mille, parmi toutes les femmes je n'en ai point aperçu une seule. »

Sans être aussi optimiste que Leibnitz, d'illustre mémoire, je ne suis point pessimiste aveuglé au point de croire que les femmes soient incapables de procurer le bonheur à l'homme ; car il faudrait dire que Dieu aurait manqué son but, puisqu'il n'a créé la femme que pour l'homme, et que pour cela il a soufflé sur tous ses membres des attraits ravissants de séduction.

La nature de la femme, suivant le plan divin, doit donc être un principe d'amour et d'appas pour l'homme. Toute femme qui s'éloigne de sa destinée est donc une exception. Or les exceptions ne sont pas les règles. Une fois dans ce désordre, il n'est donc pas étonnant que ses passions participent du vertige, de la fureur, et s'abaissent à la dégradation du paroxysme. Ainsi, quand l'Ecclésiaste avance que la méchanceté de la femme est la méchanceté même ; que rien n'est à comparer à la colère d'une femme ; qu'il vaut mieux reposer avec le lion et le dragon que de s'exposer aux traits de son courroux, — je reconnais la véracité du portrait comme une anomalie de la nature, comme un désordre, de même que les figures que Boileau fait grimacer à plaisir dans sa mordante satire contre le sexe.

> Vous me peignez soudain la joueuse, l'avare,
> L'altière au cœur d'airain, la folle au cœur bizarre,
> La mégère livrée à des soupçons jaloux,
> Et l'éternel fléau d'un amant, d'un époux.

Nous sied-il d'avancer ces reproches étranges ?
Pour oser les blâmer, sommes-nous donc des anges ?
Et, non moins imparfaits, ne partageons-nous pas
Leurs travers, leurs défauts, sans avoir leurs appas ?

Pour rentrer dans l'ordre, je frappe à la porte du gynécée, et j'avoue que la Bible n'exagère rien quand elle rappelle les douceurs innocentes de l'hyménée : « Une bonne femme est un heureux héritage. Heureux le mari d'une bonne femme : le nombre de ses années sera doublé. La grâce d'une épouse soigneuse réjouira son mari et répandra la paix sur les jours de sa vie. Son économie dans le ménage est un don de Dieu. C'est grâce sur grâce qu'une épouse vertueuse et pudique. Tel le soleil levant sur le monde depuis les hauteurs de Dieu, telle la beauté d'une bonne femme sur la splendeur de sa maison. » A ces traits je vois une mère, ce chef-d'œuvre de la nature, comme l'a dit Grétry. Et de suite je me garde bien de conseiller et d'imposer le célibat au talent. Le talent a trop de fougues, de transports, d'émotions charnelles pour accepter le joug du célibat. Il n'y a que la religion qui puisse cultiver cette fleur délicate dans la solitude la plus retirée. La raison n'est pas capable de cet héroïsme.

Mieux vaut mille fois réclamer sérieusement la félicité du mariage que de vivre ignominieusement dans de coupables liens, sans goûter la paix des innocents délices. Il y aura plaisirs de la volupté, mais jamais le cœur ne ressentira les ravissements pudiques de la couche nuptiale, car l'aiguillon du remords suit de près le sommeil du crime. De plus.

Il cède à l'inconstance ; et semblable à l'abeille
Qui, cherchant des jardins l'odorante corbeille,
Dans son vol passager, des plus brillantes fleurs
Pompe légèrement le suc et les couleurs,
Il court de belle en belle, et ses ardeurs errantes
Lui livrent tour à tour vingt grâces différentes :
Mais ce bonheur changeant, vaine félicité,
Peut séduire ses sens, plaire à sa vanité ;
Son âme, bientôt lasse, en connaît tout le vide ;
Il demande à l'hymen un bien plus solide.

Tel est le dernier mot de tous les soupirs d'une veille solitaire pour le talent, surtout quand il est contraint de descendre aux intérêts de la vie matérielle. Il lui répugne de faire des comptes avec une servante.

Ses vœux seront-ils exaucés ? sa voix aura-t-elle de l'écho quand il fixera ses yeux sur l'épouse qu'il convoite avec tant d'ardeur ?

O jeune beauté, ne reculez pas épouvantée à la vue de tant de dissensions domestiques qui composent ce livre. Je n'ai pas voulu jeter un boute-feu dans votre cœur. Loin de là, je n'ai montré des abus que pour vous indiquer le remède à tant de plaies. Et ce baume consolateur c'est de vos mains que je l'attends. Oui, vos mains sèment le bonheur sur la demeure de l'homme. Le talent sera-t-il frustré dans son espoir ? Non. Il a des droits, et des droits souverains, à déchirer sur votre sein la ceinture de la volupté. Ce privilége ne saurait être seulement réservé à l'ouvrier fatigué par le poids du travail, et au bureaucrate consumé par les soucis et les affaires.

Encore une fois, jeune beauté, ne craignez pas de confier naïvement votre sort au talent ; car le talent n'est pas intrinsèquement un objet de haine, un tison de discorde, un sujet de malice. C'est, au contraire, un foyer d'amour qui se dilate sans cesse comme un immense océan, et se répand en affectueux sentiments sur tout ce qui l'aborde, sur tout ce qui l'entoure.

> Peut-être on aime mieux, quand on sait bien le dire.

Et cet amour n'est pas muet et nu comme l'amour du vulgaire. Il a son carquois de flèches pour blesser le cœur. C'est un autre enfant de Vénus qui a tout pour fasciner et enchanter. Son cœur palpite avec une indicible violence. Son imagination ingénieuse recèle dans ses trésors tous les secrets de la félicité. Les grâces semblent amollir d'une douce onction chaque parole qui sort de ses lèvres de corail. Voyez ses yeux si vifs, si brillants, et dites-moi si ces deux diamants inspirent de l'indifférence et du mépris.

Peut-être tant de séductions vous font-elles appréhender de l'orgueil. O jeune beauté, ce n'est pas là le défaut inhérent au talent. Celui qu'on lui reprochera avec le plus de raison se trouve exprimé dans ce vers de Dante :

> Que fis-je, moi, qui, par ma nature, suis en tous sens mobile ?

C'est avoir nommé l'inconstance, suite et conséquence de cette sensibilité, de cette impressionnabilité de laquelle dérivent toutes les beautés littéraires.

Nous sommes malheureusement plus ou moins capricieux par nature ; devons-nous dédaigner le talent plus inconstant que nous ? Oh ! sachons lui pardonner cette faiblesse, ce défaut, source de tant de qualités, de tant de vertus. Boileau l'a dit :

> Voulez-vous du public mériter les amours?
> Sans cesse en écrivant variez vos discours.
> Un style trop égal et toujours uniforme
> En vain brille à nos yeux, il faut qu'il nous endorme.
> Heureux qui, dans ses vers, sait d'une voix légère
> Passer du grave au doux, du plaisant au sévère !

Impossible d'atteindre ce mérite, si le talent n'éprouve pas toutes les émotions les plus diverses, car il ne peint que ce qu'il sent. Or, comment cela sera-t-il facile sans cette versatilité passionnée du caméléon qui change de couleur à mesure qu'on le regarde. Sans cette mobilité de Protée plus de charme dans la lecture. Car ôter cette susceptibilité au talent, c'est briser la lyre du poëte, fendre la plume de l'écrivain, bâillonner la langue dorée de l'orateur. Alors il ne nous restera plus que de froids raisonneurs, de flegmatiques causeurs, de ces hommes qui s'appellent positifs, qualificatifs, pour moi synonyme d'ennuyeux et de stérile, puisque, pour m'élever dans ses serres au-dessus des petitesses de la terre, il faut, avant tout, prendre son essor sur les ailes d'une forte passion et non pas ramper bassement la terre comme un reptile.

Cette inconstance si précieuse a besoin d'un baume salutaire. Ces consolations ne reposent qu'entre les bras d'une épouse. Rien n'est plus vrai pour le cœur que ces vers de Boileau dédiés par l'ironie à l'esprit moqueur.

> Quelle joie, en effet, quelle douceur extrême,
> De se voir caressé d'une épouse qu'on aime !

De s'entendre appeler petit cœur, ou mon bon,
De voir autour de soi croître dans sa maison,
Sous les paisibles lois d'une agréable mère,
De petits citoyens dont on croit être père !
Quel charme, au moindre mal qui nous vient menacer,
De la voir aussitôt accourir, s'empresser,
S'effrayer d'un péril qui n'a point d'apparence,
Et souvent de douleur se pâmer par avance !

Sans doute il trouverait ailleurs quelque ombre de satisfaction.

Mais auprès d'une femme elle a plus de douceur.
Ce front pur et céleste où rougit l'innocence,
Cette bouche, cet œil, qui séduisent les cœurs.
L'une par un sourire, et l'autre par des pleurs ;
Ces cheveux se jouant en boucles ondoyantes,
Ce sein voluptueux, ces formes attrayantes.
Ce tissu transparent, dont un sang vif et pur
Court nuancer l'albâtre en longs filets d'azur.
Leur commande l'amour, même l'idolâtrie.
Sexe heureux ! son destin est de vaincre sans cesse.

Bien grand est celui qui a recueilli précieusement la science ! Mais multiplier la science, c'est multiplier le labeur, *et qui addit scientiam, addit et laborem*. Et tout n'est pas achevé quand, à force de veilles, on a péniblement amassé dans les collections du passé. Il faut nécessairement, outre une forte contension d'esprit, un temps bien long pour concevoir un plan, le disposer avec méthode, le diviser avec justesse, enchaîner les chapitres aux chapitres, lier les pages aux pages, ajuster les périodes aux périodes, rattacher les pensées avec les pensées, et les ponctuer avec goût. Tant d'efforts accablent, consument vite, et ne laissent pas de travailler péniblement le cerveau. Une femme enceinte redevient souvent capricieuse comme un enfant, et manifeste ses langueurs par d'incroyables manies. Le talent, contrarié par le choix des idées et des mots, éprouve quelque chose de semblable, d'aussi insensé, d'aussi puéril. Cette grossesse spirituelle lui cause de bizarres humeurs, des impatiences incroyables. Dans ces moments de vertige, tous ses besoins deviennent absolus, impérieux, despotiques. Il est comme hors des gonds, incapable de maîtriser sa fougue impétueuse, ses emportements qu'un rien excite. Alors qu'il passionne tout, jusqu'aux fleurs et aux sourires sous sa plume d'airain, il n'est pas rare qu'il donne des preuves d'inconséquence, d'irascibilité. C'est à ce malaise de composition qu'il faudrait attribuer tant de divorces dans la république des lettres.

Que fallait-il pour prévenir ces désordres scandaleux ? Un peu de patience.

Oui, seulement un peu de patience. C'est la patience qui fait le mariage ; il suffit d'une parole douce pour terrasser et anéantir la colère. Avec la patience, le mariage devient un enchantement divin pour le cœur et l'imagination. L'imagination, surtout quand elle est chaleureusement préoccupée de grandes idées, de vastes projets, ne réclame que ces attentions du cœur d'une épouse, et dont le refus l'irrite jusqu'à l'indignation, en le plongeant dans les excès de la fureur, trop souvent suivie du dévergondage de l'adultère. Une épouse vertueuse, c'est alors un baume consolateur sur les plaies du cœur.

Tout renouvelle ensemble et son âme et ses sens,
De jour en jour livrée à ses feux renaissants,
Si des transports fougueux que le bel âge inspire
Elle ne lui fait pas retrouver tout l'empire,
Elle donne sans cesse à son cœur satisfait
Un penchant plus durable, un bonheur plus parfait ;
Elle fixe chez lui la douce confiance,
La tendresse et la paix, vrais biens de l'existence,
Tempère ses chagrins, ajoute à ses plaisirs,
Soulage ses travaux et remplit ses loisirs.
Oui, des plus doux emplois où l'homme se prodigue
Elle sait à ses yeux adoucir la fatigue :
Artisan, souffre-t-il par le travail lassé ;
Il revoit sa compagne, et sa peine a cessé :
Ministre, languit-il dans son pouvoir suprême,
Au sein de son épouse il vient se fuir lui-même,
Il y vient oublier l'ennui, le noir soupçon,
Qui mêlent aux grandeurs leur dévorant poison,
Et distrait de l'orgueil par l'amour qui l'appelle,
Du poids de ses honneurs il respire auprès d'elle.
Pour lui plus de langueurs, plus de maux, plus d'ennuis ;
L'amour remplit, enchante et ses jours et ses nuits ;
Il n'a qu'un seul objet qui l'occupe et l'embrase :
Et son heureuse vie est une longue extase.

Et, tant que durera cette fièvre pernicieuse, on ne cessera de redire au talent :

Êtes-vous tourmenté d'une peine profonde,
C'est un charme à vos yeux qu'une femme y réponde.
Elle prend même le ton qui calme les douleurs ;
Son œil aux pleurs d'autrui sait mieux rendre des pleurs :
Et son cœur, que jamais l'égoïsme n'isole,
Dit mieux au malheureux le mot qui le console.

Chaque fois que le talent a l'avantage de rencontrer sur le sein d'une épouse chérie le délassement nécessaire qu'il attendait, il se sent renaître, il redouble de force et de vie. Il prend son essor et s'élève à une hauteur incommensurable. Ses vues s'élargissent, ses idées grandissent et prennent dans leur forme quelque chose de cette beauté parfaite dont son épouse lui retrace l'idéal. La vertu, qui lui apparaît sous la figure la plus attrayante, remplit tous ses chants. Tous ses coups de pinceau deviennent des esquisses de maître ; car il lui est impossible de n'être pas dans le vrai quand il n'a qu'à observer pour peindre. L'idéal est sous ses yeux dans toute sa splendeur. Cet aspect le plonge dans l'ivresse de l'extase, et lui inspire de ces morceaux qui tiennent moins de la terre que du ciel, qui s'est complu à unir tant de beautés, la beauté physique et la beauté morale. Ce fini de perfection devient un océan de poésie, une moisson de nobles sentiments, une source inépuisable des plus belles inspirations. Déchargé du fardeau accablant de la vie matérielle par les soins d'une femme vigilante, soigneuse, le talent trouve plus de loisir que ne lui en eût donné le célibat, et, dans cette ivresse d'ineffables joies, il n'est rien qu'il ne conçoive et ne réalise. Ses œuvres deviennent l'image de sa tranquillité ; les formes les plus suaves naissent sous ses pas ; les fleurs viennent d'elles-mêmes border et embaumer toutes ses pensées. Cette pureté de style fleuri ne peut être comparée qu'aux gracieux tableaux de l'Albane, cet Anacréon de la peinture. Le lecteur lui-même se sent plus content quand il vient à fermer ces livres fortunés ; il goûte un bien aise qu'il lui est impossible d'exprimer.

Le siècle de Louis le Grand nous convaincra de l'heureuse influence d'un bon mariage sur le talent et justifiera notre théorie. En effet, voyez Racine. Né avec un esprit malin, acrimonieux, mille fois plus déchirant que les satires les plus mordantes de Boileau, il s'adoucit journellement entre les bras caressants d'une aimable épouse; son cœur, longtemps en proie aux tortures de l'amour peintes avec tant d'énergie dans ses premières pièces, se fond en eau et s'amollit aussi tendrement que l'âme d'une jeune fiancée. On dirait que ce cœur a été doublé d'un cœur de mère, tant ses épanchements sont suaves et purs. Aussi, comme ses inspirations sont puissantes! Qu'est-ce que la tragédie d'*Esther*? Ce n'est pas seulement le plus bel hymne de la poésie à l'Éternel : c'est le triomphe de la femme vertueuse sur le mari, c'est la force de la faiblesse sur la faiblesse de la force, c'est le règne de la mansuétude sur les arcanes sacrés du foyer domestique, c'est la conquête de l'épouse sur l'époux. *Esther* est l'œuvre d'un mari : *Athalie* est l'ouvrage d'un père. Le dialogue d'Éliacin et d'Athalie n'a pu être composé qu'au milieu d'un groupe d'enfants. Il n'y a qu'un père qui sache répandre de l'intérêt autour d'un enfant et faire une tragédie de ce charme. Il est probable que nous n'aurions jamais eu *Esther* et *Athalie* si Racine n'eût pas été heureux en ménage. Molière, avec son vaste génie, n'a point eu de pareilles conceptions. J'ajouterai dans les transports de mon admiration pour l'auteur d'*Esther*, d'*Andromaque* et d'*Athalie*, de même, s'il est permis de comparer, sans blasphème, tout ce qu'il y a de plus grand dans l'ordre naturel avec tout ce qu'il y a de plus sublime dans l'ordre surnaturel, le chef-d'œuvre de l'humanité avec le chef-d'œuvre de la très-sainte et très-adorable Trinité, de même, dis-je, que, dans les mystères inénarrables de la communion, l'âme unie bouche à bouche, corps à corps, cœur à cœur avec Jésus-Christ sans changer de substance, hérite de toute la fortitude, de toute la vertu de son époux divin, de même Racine, sans rien perdre des mâles beautés de son génie, semble s'être abreuvé, nourri, emparé, sur le sein de son épouse, de tout ce qu'il y a de plénitude, de surabondance d'affection, de sensibilité, d'expansion dans la femme, et s'est tellement incorporé toutes ces précieuses qualités, qu'il apparaît comme le sanctuaire de toutes les perfections de l'homme et de la femme, le poëte hermaphrodite par excellence, si l'on peut se servir de cette expression, le personnage le plus complet que l'on connaisse. Aussi, dans tous les âges, dans toutes les situations de la vie, Racine fera les délices de l'homme et de la femme. Il passionnera aussi fortement les maris et les jeunes gens que les mères et les jeunes filles qui n'ont point encore aimé.

La tragédie la plus perfectionnée de Corneille n'a-t-elle pas été faite et écrite tout entière sur les genoux d'une épouse? Aussi, qu'est-ce au fond que *Polyeucte?* C'est l'amour conjugal le plus véhément de deux cœurs vertueux qui ne peuvent se quitter qu'au nom de cette religion céleste qui ne revendique que les cœurs généreux. C'est le contraire d'*Esther*, le triomphe magnanime du mari sur les tendresses de l'épouse, mais triomphe dont le martyr seul explique la cause ; c'est l'amour ne se laissant dominer en grandeur que par le catholicisme ; c'est l'amour ne quittant la terre que pour se hâter de briller comme une étoile dans la cité des élus. Aussi, si nous sommes curieux de savoir la cause pour laquelle Corneille écrivit si long-temps, et jusqu'à la fin de sa vie, nous la trouverons dans l'avantage du bon mariage qu'il fit à l'aide de Richelieu. Cette femme doubla ses heures de travail par la bonne administration de son ménage, mais aussi par ce charme qu'une femme sait donner à tout ce qu'elle dit. Avec une telle épouse, on conçoit aisément la vie retirée de Corneille. Il avait un monde de distractions chez lui ; cela l'exemptait de consumer un temps précieux à rechercher quelque délassement dans les salons dorés de l'opulence.

De plus, est-il possible de dire toute l'influence d'une épouse sur le talent encore capable de produire ?

Notre gloire est souvent l'ouvrage d'un sourire.
Quel homme, pour charmer la beauté qui l'inspire,
Se livrant aux travaux qu'un regard doit payer,
S'il possède un talent, ne souhaite, un laurier ?
Ce désir est surtout l'aiguillon du poëte.
Sitôt que l'amour parle à son âme inquiète,
Dévorant nuit et jour les écrivains fameux,
Il ne respire plus qu'il ne soit grand comme eux
Dans ce cirque imposant où règne Melpomène,
Il soumet un ouvrage aux juges qu'elle amène :
Quelle chaleur, quel choc de sentiments divers !
Le feu qui le consume a passé dans ses vers.
Dans les scènes, surtout, où l'action pressante
Peint les feux d'un amant, les douleurs d'une amante,
Chaque vers est empreint de ce style enflammé
Que cherchent vainement ceux qui n'ont point aimé ·
Du trouble le plus doux il fait goûter les charmes :
On l'applaudit du cœur, de la voix et des larmes.

Il triomphe, et s'écrie en son transport brûlant :
O femme ! c'est à vous que je dois mon talent.

Sans cet aiguillon, que d'œuvres boiteuses et imparfaites ! Faute d'avoir rencontré ces soins vigilants, ces attentions minutieuses, cette déférence journalière qui fait le charme de la vie conjugale, Molière est dévoré d'ennuis, passe ses années dans les gémissements, et souffre parfois comme Prométhée, écorché par les vautours au milieu du fracas de la foudre qui brise le rocher sur lequel ses membres sont triplement enchaînés. Dans son indignation, il voit tout en noir dans le sexe, charge et surcharge ses tableaux, et ne songe pas le moins du monde à déchirer des scènes ou châtier des expressions lubriques qui eussent fait rougir une compagne adorée. Une bonne épouse, en lui montrant dans sa conduite la vertu qu'il oublie si souvent, eût plus obtenu de sa tendresse qu'une critique de Boileau dans les réunions de la rue du Vieux-Colombier. Alors, il eût été beaucoup plus sobre de ces querelles de halle, de ces propos de saltimbanques, et de ces mots grossiers que la colère seule amène sur les lèvres de la populace. L'on ne craindrait pas de confier à la jeunesse des écrits épurés sous les yeux de la vertu conjugale, danger reconnu par Jean-Jacques Rousseau lui-même dans sa lettre à d'Alembert sur les spectacles : « Qui peut disconvenir, dit-il, que le théâtre de Molière, des talents duquel je suis plus l'admirateur que personne, ne soit une école de vices et de mauvaises mœurs, plus dangereuse que les livres mêmes où l'on fait profession de les enseigner ? Examinez le comique de cet auteur ; partout vous trouverez que les vices de caractère en sont l'instrument, et les défauts naturels le sujet, que la malice de l'un punit la simplicité de l'autre, et que les sots sont les victimes des méchants : ce qui, pour n'être que trop vrai dans le monde, n'en vaut pas mieux à mettre au théâtre avec un air d'approbation, comme pour exciter les âmes perfides à punir, sous le nom de sottise, la candeur des honnêtes gens.

> Dat veniam corvis, vexat censura columbas.

« Voilà l'esprit général de Molière et de ses imitateurs. Ce sont des gens qui, tout au plus, raillent quelquefois les vices, sans jamais faire aimer la vertu ; de ces gens, disait un ancien, qui savent bien moucher une lampe, mais qui n'y mettent jamais d'huile. » Ainsi se sont rencontrés Bossuet et Jean-Jacques Rousseau dans leurs jugements sur Molière.

La Fontaine a passé vingt ans dans la même maison, auprès de la même personne. Comment expliquer cette constance dans un poëte si versatile. Ces vers nous en donnent la raison :

> Bon la Fontaine, ô toi qui chantas l'amitié,
> Avec la Sablière ainsi tu fus lié !
> Prolongeant, sans amour, des entretiens aimables,
> Elle écoutait ton cœur, tes chagrins et tes fables ;
> Au fond de ta pensée allait chercher tes vœux ;
> Sauvait tout soin pénible à tes goûts paresseux,
> Et, chassant de tes jours les plus légers nuages,
> Te donnait un bonheur pur comme tes ouvrages.

Preuve que non-seulement le talent, mais aussi la Fon-

taine, malgré son inconstance, n'était pas incapable de
vivre chastement dans les liens du mariage. Une épouse,
telle que la femme de Racine et de Corneille, simple et
modeste, eût opéré une influence immense sur sa conduite, et par conséquent ses écrits, car la bouche parle de
l'abondance du cœur. Loin du spectacle d'une femme accomplie, sa vie a été une suite de débauches et quelquefois
d'orgies avec les personnages les plus orduriers de son
temps ; et cette licence de mœurs amena cette obscénité
de contes qui lui fermèrent longtemps les portes de l'Aca-
démie, l'éloignèrent de la cour, et finirent par rendre de
plus en plus rares ses entrevues avec Boileau. Aussi, la
vertu ne joue-t-elle pas dans ses écrits tout le rôle que leur
caractère demandait; sa morale est à une grande distance
de l'Evangile ; la jeunesse ne saurait suivre toujours sû-
rement ses conseils. Toute sa vie est dans la fable du *Mal
marié*. Mais comment a-t-il pu peindre avec tant de talent
les douceurs d'un bon mariage ? Je ne puis douter que ces
vers ne lui aient été inspirés dans le foyer domestique de
Corneille et de Racine. Cette métamorphose de Philémon
et Baucis est une image trop fidèle de ces deux ménages
pour s'y méprendre :

Philémon regardait Baucis par intervalles ;
Elle devenait arbre, et lui tendait les bras :
Il veut lui tendre aussi les siens, et ne peut pas.
Il veut parler, l'écorce a sa langue pressée.
L'un et l'autre se dit adieu de la pensée :
Le corps n'est tantôt plus que feuillage et que bois
D'étonnement la troupe, ainsi qu'eux, perd la voix
Même instant, même sort à leur fin les entraîne

Baucis devient tilleul, Philémon devient chêne.
On va les voir encore, afin de mériter
Les douceurs qu'en hymen Amour leur fit goûter.
Ils courbent sous le poids des offrandes sans nombre
Pour peu que des époux séjournent sous leur ombre,
Ils s'aiment jusqu'au bout, malgré l'effort des ans.
Ah ! si... Mais autre part j'ai porté mes présents.

Tout la Fontaine est dans ce dernier vers. Ce gémissement, ce regret déchire le cœur et arrache des larmes bien amères au lecteur passionné, pour un homme si bon, fait pour être aimé de tout le monde.

Ah ! si... Mais autre part j'ai porté mes présents.

« Oui, la Fontaine, dit l'historien de la Fontaine, Walkenaër, nous le répéterons après toi : ah ! si le ciel t'avait donné une compagne qui t'eût fait connaître les tranquilles jouissances de la vie domestique, ton imagination n'eût été ni moins gaie, ni moins vive, ni moins spirituelle, mais elle eût été mieux réglée et plus pure : tes fables seraient toujours l'objet de notre admiration et de nos louanges ; mais, dans tes autres écrits, la peinture des plus doux sentiments du cœur, dont tu connais si bien le langage, qui a fait des chefs-d'œuvre irréprochables du petit nombre de contes où tu l'as employée, aurait remplacé ces tableaux licencieux où tu as outragé les mœurs, et quelquefois le dieu du goût. Alors, ô la Fontaine ! les satires n'eussent point mêlé des fleurs pernicieuses parmi les fleurs suaves et brillantes dont les Muses et les Grâces ont tressé ta couronne ; et ces vierges du Parnasse ne te reprocheraient point, en rougissant, de les avoir si souvent forcées à se séparer de la pudeur, qui doit toujours être leur inséparable compagne! Alors il ne nous faudrait plus soustraire, comme un poison corrupteur, aux regards des jeunes gens et des enfants, une seule des pages du poëte de l'enfance et de la jeunesse! »

Ainsi, l'effet d'un bon mariage sur le talent, c'est de doubler les loisirs, élever les inspirations, épurer les écrits. Au contraire, rien n'égale les mauvais résultats d'une désunion, d'une alliance mal assortie. Au lieu du silence de la paix, c'est l'agitation de la discorde. Au lieu de la vertu, c'est la passion qui domine. Une fois sans le frein de l'amour conjugal, le talent en désordre consume inutilement ses veilles, et finit par perdre de sa vigueur, de son activité, de son opiniâtreté au labeur. C'est un aigle dont l'aile a été brisée; il est incapable de se soutenir orgueilleusement à la hauteur des nuages, il tombe de roc en roc jusqu'à ce qu'il soit précipité dans le fond des abîmes; quelques taches de sang indiquent seules la trace de son dernier vol. A la débauche succèdent les monstrueuses orgies; une licence effrénée tient lieu de plaisir; chaque pensée devient un désir criminel, et la vie n'est souvent qu'une abomination dans les bras de l'adultère. Dans cette exaltation d'intrigues tout est fureur, tout est flammes, tout est arêtes vives et saillantes ; mais aussi ce n'est pas l'empire du vrai dans la majesté de sa simplicité. Jamais la confusion ne sera l'ordre, la fièvre brûlante n'est pas le mouvement vital de notre nature ; on hurle comme une hyène au lieu de pleurer, on crie au lieu de gémir ; la vertu n'est que l'astuce de l'hypocrisie. Le vice, maître des affections, vomit ses saletés sur les pages laissées en blanc par l'horrible. Le remords arrive enfin exciter cette tête déjà si bouillante. Alors c'est un véritable chaos sur lequel se brisent sans cesse la foudre, les éclairs et les éléments déchaînés. On dirait volontiers que ce talent serait la victime des gnomes, des vampires, et que les implacables Euménides le pourchasseraient d'asile en asile pour épuiser leur fureur sur ses membres sans cesse agités. Son front est devenu sombre comme la tête de Caïn, bourrelé de remords après le meurtre d'Abel.

Je laisse à celui qui ne verrait dans ce lugubre tableau qu'une exagération de fantaisie, le soin de réfuter cet aveu de Byron : « Hors du mariage il n'y a pas de bonheur, dit-il une fois dans l'intimité de ses conversations avec la comtesse de Blessington. Lorsqu'un homme et une femme s'aiment assez l'un l'autre pour ne pouvoir vivre séparés, les liens du mariage sont les seuls qui puissent leur donner le bonheur; tous les autres n'apportent que douleurs et malaise. Je laisse la religion et la morale en dehors de la question, encore bien que leur influence ne puisse que doubler le mal ; mais, en supposant même deux personnes sans religion comme sans morale, je dis qu'une union qui n'est pas consacrée par le mariage n'apportera aux amants que douleurs, tiraillements et désenchantements, si peu qu'il reste de fierté et de délicatesse dans leur âme. Les humiliations, les vexations qu'une femme subira dans cette position ne peuvent manquer d'exercer une influence funeste sur son caractère, sur son esprit, et de la dépouiller des charmes qui gagnent et conservent le mieux l'affection de son amant. Il en résulte qu'elle devient susceptible et soupçonneuse à l'excès; n'ayant plus pour elle-même qu'une faible estime, elle se fait d'autant plus jalouse de celle de l'homme auquel elle a sacrifié la sienne propre, et duquel elle dépend ; et si cet homme a assez de délicatesse et d'empire sur lui-même pour ne pas heurter sa maîtresse, il sera réduit à se faire l'esclave d'une femme, condition plus dure et moins honorable que s'il était marié. Les femmes deviennent toujours plus exigeantes à mesure qu'elles s'aperçoivent qu'on est moins attentionné pour elles, et qu'on vient moins souvent au-devant de leurs désirs. Or, c'est précisément cette exigence qui accélère la fuite du dieu aveugle, lequel, suivant le proverbe grec, vient en marchant et s'en va au vol. La peinture la plus vraie des malheurs qu'apporte une union non consacrée par le mariage, c'est l'*Adolphe* de Benjamin Constant, » digne pendant littéraire pour l'homme du monde des *Confessions* de saint Augustin, œuvre de la plus haute philosophie pour la piété. « Une maîtresse, dit-il une autre fois, n'est et ne peut être une amie. Tant qu'on s'arrange bien ensemble, on est amants; et quand c'est fini, on n'est rien moins qu'amis. »

O jeune beauté, ne dites donc pas avec douleur comme Pauline :

> Voilà notre pouvoir sur les esprits des hommes.
> Voilà ce qui nous reste, et l'ordinaire effet
> De l'amour qu'on nous offre, et des vœux qu'on nous fait.
> Tant qu'ils ne sont qu'amants, nous sommes souveraines,
> Et jusqu'à la conquête ils nous traitent de reines ;
> Mais après l'hymenée, ils sont rois à leur tour.

Le talent répondrait comme Polyeucte à Pauline :

> Je vous aime,
> Beaucoup moins que mon Dieu, mais bien plus que moi-même.

Et à Néarque :

> Vous ne savez pas ce que c'est qu'une femme ;
> Vous ignorez quels droits elle a sur toute l'âme,
> Quand. après un long temps qu'elle a su nous charmer,
> Les flambeaux de l'hymen viennent de s'allumer.

C'est la confession franche et naïve du talent. L'exemple de la Fontaine démontre combien la souplesse d'une femme fait de bien sur le talent plus inconstant que méchant par nature. Ainsi ne craignez pas, jeune beauté, d'ouvrir vos bras au talent, il attend le bonheur de vous. Sous vos mains il viendra bientôt doux comme l'agneau. Ce sera peut-être d'abord le rugissement du jeune lionceau dans le désert, puis le frémissement de la forêt agitée par les autans, après l'haleine du zéphyr, ensuite le battement de l'aile du petit oiseau sur les doigts d'une jeune fille, à la fin on n'entendra plus qu'un soupir léger comme le cliquetis de l'insecte dans le calice des fleurs, lorsqu'il mordille les pompons dorés des étamines soyeuses. Cette victoire de votre douceur sera votre gloire dans le temps et l'éternité. Le fruit de votre patience sera un bel ouvrage que la postérité reconnaissante vous attribuera en partie. On comprendra pourquoi en quelques années on a publié plus de cinquante éditions du *Mérite des Femmes* de Legouvé, le plus beau monument élevé au sexe. dont j'ai aimé à copier de si nombreux passages dans ces dernières pages. Votre nom, au lieu d'être flétri honteusement comme celui de tant d'épouses indignes de grands hommes, sera en vénération dans les âges les plus reculés. Les femmes obscures envieront votre sort fortuné; les lecteurs vous sauront gré des beaux sentiments que vos vertus auront inspirés au poëte. L'auréole de la gloire brillera sur les deux tombes de l'épouse et de l'époux. Les lyres aimeront à chanter avec volupté les délices ineffables de votre union. Tous reconnaîtront à l'envie qu'une bonne femme est la meilleure inspiration du talent. *Pars bona mulier bona.*

C'est donc avec raison que j'ose redire encore une fois : Jeune beauté, ne craignez pas le talent : c'est l'amour, c'est le bonheur; c'est l'immortalité pour vos attraits et vos vertus dans tous les siècles des siècles de l'éternité et par delà.

FIN.

TABLE

DES

NOMS ILLUSTRES

CITÉS DANS CET OPUSCULE.

Socrate.
Euripide.
Périandre.
Aristote.
Pittacus.
Philippe.
Périclès.
Alcibiade.
Caton le Censeur.
Lucullus.
Paul Émile.
Pompée.
Caton d'Utique.
Hortensius.
Cicéron.
Salluste.
Brutus.
Antoine.
César.
Ovide.
Plutarque.
Dante.
Henri VIII.
Luther.
Calvin.

Pierre Corneille.
Thomas Corneille.
Jean Racine.
La Fontaine.
Molière.
Razzi il Sodema.
Robert Estienne.
Dacier.
Shakspeare.
Denham.
Milton.
Sterne.
Piron.
Johnson.
Jean-Jacques Rousseau.
Diderot.
Bürger.
La Harpe.
Mirabeau.
Ducis.
Bernardin de Saint Pierre.
Byron.
Talleyrand.
Scarron.
Louis XIV.

CHAPITRE VI.

Des épouses des grands hommes.

(Ce chapitre forme l'objet de la présente brochure.)

—

CHAPITRE VII.

Macédoine.

P. 1. Fécondité littéraire.
P. 2. Facilité de composition.
P. 3. Amères déceptions.
P. 4. Heureuses inspirations d'esprit.
P. 5. Embarras domestiques.
P. 6. De la pierre.
P. 7. De la progéniture.

—

— Épilogue.

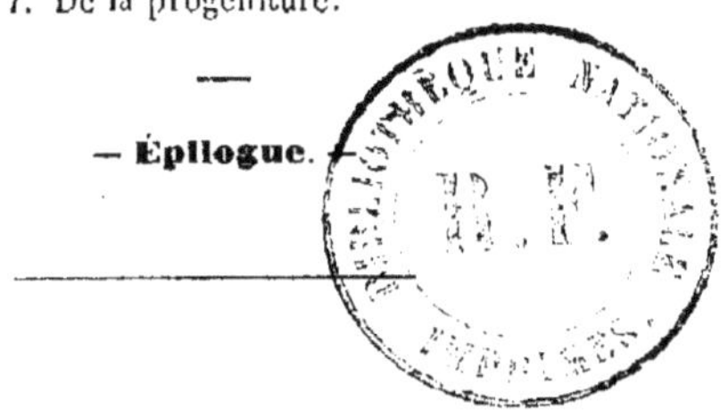

Pour le présent, aimable lecteur, et toi, cher acheteur, plus aimable encore, je veux, avec votre permission, vous secouer cordialement la main, me dire votre très humble serviteur, et vous souhaiter le bonjour. Nous nous reverrons si nous nous entendons ; et dans le cas contraire, je ne lasserai pas plus longtemps votre patience ; cet échantillon suffira. Que nous serions heureux, si tous les auteurs suivaient cet exemple !

BYRON, *Don Juan*, ch. 1.

Paris. — Imprimerie SCHNEIDER, rue d'Erfurth, 1.